¡crear!

¡crear!

Cath Kidston®

BLUME

FOTOGRAFÍA DE PIA TRYDE

Contenido

Introducción 8

Técnicas 12 • Costurero 14 • Apliques 16 • Puntos básicos 20 • Cómo bordar 22

Cocina 24 • Paños de cocina de lino 26 • Servilletas y manteles individuales 28 • Mantel de desayuno 30 • Delantal con fresas 32 • Cubrehuevos 34 • Cubreteteras 36 • Maceta con marco 38 • Agarradores y manoplas 40

Dormitorio 42 • Chal con rosas 44 • Funda para bolsa de agua 46 • Funda de almohada y sábana estampadas 48 • Patucos con pájaro cantor 50 • Fundas de almohada 52 • Pijama con ribetes florales 54 • Cojín con casa de campo 56

Bolsas 58 • Bolsa floreada 60 • Neceser de flores brillantes 62 • Bolsa estrellada 64 • Bolsa de lona con vaquero 66 • Monedero de etiqueta bordado 68 • Bolsa de deporte floreada 70 • Cesto con fresa 72 • Bolsa con rosas para labores 74 • Bolsa floreada con cordón 76

Ropa 78 • Suéter de universitaria 80 • Falda con vaquero 82 • Zapatillas con pájaro cantor 84 • Bufanda con piloto 86 • Camiseta estrellada 88 • Boina de topos 90 • Ropa marinera 92

Para niños 94 • Vestido floreado 96 • Chaqueta tejana con vaquero 98 • Sudadera con coche de carreras 100 • Cárdigan clásico 102 • Cojín con alfabeto 104 • Babero estrellado 106 • Bolsito 108 • Manta con coches de carreras 110

Regalos 112 • Cuadro de veleros 114 • Cojín para perros 116 • Tarjetas de felicitación 118 • Cojín con Stanley 120 • Estuche de costura de fieltro 122 • Juego de toalla y manopla 124 • Capa de baño 126 • Manta estrellada de borreguito 128 • Guantes con rosa 130

Pura inspiración 132

Tiendas Cath Kidston 138 • Agradecimientos 143

Plantillas 144

Introducción

En los últimos años, la costura y otras manualidades han experimentado, sin duda, un renovado interés. Pese a la enorme cantidad de productos que se fabrican en serie hoy en día, la gente se está alejando de lo comercial y opta por técnicas artesanas tradicionales para crear objetos únicos. Estamos cansados de que nuestra ropa y nuestros hogares se parezcan a los de todo el mundo. Y es fantástico comprobar que esta tendencia es cada vez más generalizada.

Es cierto que no resulta barato estar siempre a la moda, que cambia continuamente. Pero para hacer las manualidades de este libro tan solo se requieren unas técnicas de apliques y bordado, para las que no se precisan materiales caros; de hecho, en la mayoría de las propuestas se aprovechan viejos retales o materiales. Cada manualidad es en sí misma un proyecto lleno de ilusión y, además, una vez terminada, le llenará de satisfacción haber creado algo tan personal y único.

Para cada una de las 48 manualidades que se describen en los siguientes capítulos, se utiliza una de las 16 plantillas de dibujos que he incluido en la parte posterior del libro. Están las favoritas de mis lectores —como el vaquero, el velero, una amplia variedad de motivos florales y, por supuesto, Stanley, mi travieso terrier—, así como otras que he creado especialmente para la ocasión. Cada manualidad se explica de forma detallada con unas instrucciones paso a paso, junto con consejos prácticos y sugerencias que le serán de gran ayuda.

Debo reconocer que mis conocimientos de costura son bastante básicos, por lo que las manualidades que propongo son muy sencillas. ¡Tan solo se necesita un poco de paciencia para hacerlas! Desde el más simple hasta el más complicado, cada proyecto se basa en las mismas técnicas, que se explican al principio del libro. Le recomiendo que empiece primero con una simple camiseta bordada con apliques (*véase* pág. 88) o con los cubrehuevos (*véase* pág. 34), y que luego se atreva con la falda del vaquero (*véase* pág. 82) o con el cojín del alfabeto (*véase* pág. 104), que son más elaborados. Cada manualidad tiene asignado un nivel de dificultad (baja, media, alta), de modo que en todo momento sabrá cuál se ajusta más a su experiencia.

Desde muy pequeña, me han encantado las viejas telas estampadas; de hecho, el propósito inicial para mi tienda fue recopilar estos magníficos estampados de época y crear con ellos unas composiciones modernas y prácticas. *¡Crear!* es una continuación de esta idea. ¿Acaso no le gustaría aprovechar un diseño de tejido para dar un toque moderno a una vieja falda? No hay ningún motivo por el que no pueda adornar con flores o topos de vivos colores un objeto tan cotidiano como el carrito de la compra.

Estos, por supuesto, son tan solo unos puntos de partida. Al final del libro encontrará otras maneras de utilizar las plantillas, pero le resultará más divertido adaptar usted mismo los dibujos y dar rienda suelta a sus propias ideas. Espero que hacer estas manualidades le resulte tan placentero como para mí ha sido recopilarlas en el presente libro.

Cath Kidson

Técnicas

En este capítulo se explican las técnicas básicas que deberá dominar para recrear todos los objetos y manualidades del libro. Algunas propuestas son muy sencillas, mientras que otras son más ambiciosas, ¡de manera que hay para todas las edades y habilidades! Consulte también las prácticas sugerencias sobre el material que necesitará para cada una de ellas.

Costurero

COSTURERO Y TELAS

Una de las grandes ventajas que tienen la decoración con apliques y el bordado es que estas técnicas no precisan de un material caro o específico. De hecho, seguramente su costurero ya contiene la mayoría de los artículos que se detallan a continuación. Si todavía no dispone de una bolsa llena de retales de ropa vieja o recortes, ¡ahora es el momento de empezar a hacer acopio de ellos!

QUÉ DEBE HABER EN UN COSTURERO

• Agujas

Una cajita variada deberá contener agujas «finas» de largura media para cualquier labor de costura; unas agujas colchoneras más cortas para las labores que requieren una mayor precisión, y las de bordar de ojo largo. Las especiales para piel con la punta triangular perforan el cuero sin dificultad. Guarde todas las agujas en un estuche de costura de fieltro (*véase* pág. 122 para crear su propio estuche de costura de fieltro).

• Dedal

Puede que este objeto parezca algo anticuado, pero es una pieza clave. Debe protegerse los dedos si tiene pensado realizar muchas labores de costura. Los dedales pueden ser de diferentes tamaños; escoja uno que se le ajuste bien al dedo índice, pero que no le apriete.

• Alfileres

Escoja unos alfileres largos con bolas de colores en un extremo: de este modo, los verá fácilmente en las telas gruesas. Guárdelos en un alfiletero o almohadilla pequeña.

• Tijeras

Necesitará dos: unas pequeñas de bordar con hojas estrechas terminadas en punta, ideales para recortar curvas cerradas y cortar hilos, y otras de tipo estándar para apliques, papeles y telas más grandes.

• Hilo de coser

Necesitará hilo de varios colores para cada manualidad, ya que deben ser del mismo color (o muy similar) que las telas que vaya a utilizar. Puede comprar muchos carretes, pero una buena opción es hacerse con una madeja de hilo, que está formada por diferentes algodones de costura cortados convenientemente.

• Instrumentos de marcado

Antes de bordar tendrá que hacer unas marcas que le servirán de pauta. Utilice un lápiz de tiza para que se aprecie bien en las telas oscuras, como el tejano, y un rotulador no permanente para tela en los fondos más claros. Estos prácticos rotuladores de punta de fibra tienen un pigmento sensible a la luz, que desaparece a los pocos días.

• Lápiz

También necesitará un lápiz de dibujo normal y corriente para trazar el contorno de las plantillas sobre una entretela termoadhesiva cuando fije los apliques con la plancha. Las líneas deben quedar muy bien definidas, de manera que tenga a mano un sacapuntas.

ENTRETELA O FLISELINA TERMOADHESIVA

Este producto, disponible en mercerías y grandes almacenes, facilita las labores de costura tradicionales. La entretela termoadhesiva consiste en un soporte de papel recubierto con una fina capa de pegamento sensible al calor. Úselo para calcar, recortar y pegar sobre los apliques, siguiendo un proceso muy sencillo. (Asegúrese siempre de que plancha la entretela termoadhesiva sobre el reverso de los tejidos con dibujos). El Vilene, una fina entretela termodhesiva no tejida, es ideal para la confección de vestidos, pero la he empleado para pasar las plantillas del bordado al fondo.

TELAS

Como en el *patchwork*, una labor muy parecida, el bordado con apliques es una forma ecológica de reciclar viejos materiales. En las instrucciones de cada manualidad se indica la cantidad mínima necesaria, en caso de que deba comprar una tela nueva, pero siempre va bien que sobre. En la mayoría de los proyectos se utilizan telas de fieltro o algodón, pero el PVC, el tweed, el borreguito y el cuero tienen sus propias cualidades distintivas.

• Fieltro

El fieltro es fácil de trabajar porque no tiene un lado «malo» y, además, como no está tejido, no se puede deshilachar. Es preferible el cien por cien lana que el que se utiliza para las manualidades infantiles, que es de fibras sintéticas. El fieltro cuesta de lavar y planchar, por lo que resérvelo para los accesorios o prendas que deben limpiarse en seco o lavarse a mano en agua fría.

• Algodón y lino

Lave y planche las telas antes de empezar a trabajar para eliminar cualquier apresto que pueda tener la ropa nueva; lave los materiales viejos para que sus manualidades terminadas no encojan.

UNA VEZ TERMINADAS, LAS MANUALIDADES EXIGEN UNOS CUIDADOS ESPECIALES: LÁVELAS CON SUAVIDAD EN AGUA FRÍA CON UN JABÓN LÍQUIDO PARA LAVAR A MANO O CON JABÓN EN ESCAMAS Y SÉQUELAS EN HORIZONTAL. LAS PRENDAS MÁS RESISTENTES, COMO LAS TOALLAS Y SÁBANAS, PUEDEN LAVARSE A MÁQUINA CON UN PROGRAMA DELICADO, PERO NO DEBEN SECARSE EN SECADORA.

Apliques

Todas las manualidades con apliques del libro están hechas de la misma manera, es decir, recortando las formas de tela y pegándolas en una prenda o complemento. Si algunas parecen más complicadas que otras se debe, simplemente, a que están compuestas por varias capas de tejido o por diferentes motivos. Una vez que haya aprendido las técnicas básicas, podrá crear cualquier diseño sin ningún tipo de dificultad (solo necesitará un poco de paciencia, eso sí).

CÓMO TRABAJAR CON LAS PLANTILLAS

El capítulo en el que se incluyen las plantillas, que se inicia a partir de la pág. 144, ofrece dos versiones de cada diseño. Una es una ilustración a todo color, mientras que la otra es un dibujo técnico, que es un reflejo de la primera. Esto se debe a que con el aplique termoadhesivo el dibujo se traza sobre el papel de la entretela, con lo que queda pegado al lado malo de la tela. Para realizar este proceso es preciso que la plantilla se coloque invertida de modo que los dibujos aparezcan en la posición correcta por el lado bueno.

Varios dibujos se han cambiado para que se vea claramente cómo deben confeccionarse los diferentes elementos con el fin de obtener el diseño final. Se ha empleado más tela de la estipulada en algunas de las formas (se representa con líneas discontinuas). También verá que algunos de los detalles más minuciosos se han simplificado para que los originales sean adecuados al aplique.

Muchas de las plantillas se pueden utilizar directamente con el tamaño indicado, pero algunas deberán modificarse con la ayuda de una fotocopiadora. En las instrucciones paso a paso se incluye el porcentaje al que es recomendable ampliar o reducir cada una de las manualidades, pero puede cambiar las proporciones a su gusto según sus preferencias o las medidas de las prendas.

1 Trace los motivos directamente del libro o a partir de una fotocopia en el papel de la entretela. Deje aproximadamente 1 cm entre las siluetas.

2 Recorte cada silueta alrededor de los trazos con lápiz. En esta fase, no es necesario ser muy preciso en los cortes.

3 Coloque los motivos, con la cara adhesiva hacia abajo, sobre la tela, y plánchelos en el lugar adecuado. Si utiliza una tela de algodón estampada, asegúrese de que los pega en el reverso.

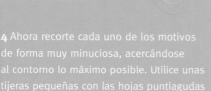

4 Ahora recorte cada uno de los motivos de forma muy minuciosa, acercándose al contorno lo máximo posible. Utilice unas tijeras pequeñas con las hojas puntiagudas para un acabado perfecto.

5 Retire el papel de soporte de cada uno de los motivos y póngalos del derecho. Notará la áspera capa adhesiva del reverso.

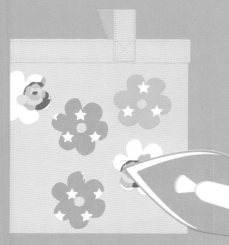

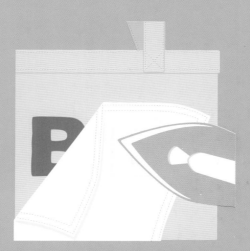

6 Coloque los motivos sobre el fondo de tela deseado y péguelos con la plancha a baja temperatura. En lugar de deslizar esta última, presione sobre ellos para que no se muevan de sitio.

Si ha elegido una tela de fieltro, ponga siempre un paño limpio o de muselina entre esta y la plancha para que el calor no estropee o deforme el tejido o para evitar que este se pegue a la plancha.

7 Por último, ribetee los apliques con una serie de pequeños puntos rectos. Para ello utilice un hilo del mismo color o uno que contraste (*véase* pág. 20, «Puntos básicos»).

LABOR CON APLIQUES DE VARIOS COLORES

Los diseños más intricados, como el vaquero y las rosas de los paños de cocina, están hechos con varias telas de diferentes colores. Las formas se crean mediante capas, empezando por los elementos más grandes y terminando con los detalles más minuciosos.

Con los apliques de colores diferentes se pueden realizar dos tipos de diseño: por siluetado, en que se solapan las capas —como las líneas en un mapa—, o por superposición, en que algunas piezas, como las hojas, quedan ocultas debajo de otras.

DISEÑOS POR SILUETEADO

1 Calque sobre la entretela la silueta de cada elemento de la plantilla invertida siguiendo las líneas discontinuas. Corte cada forma de la tela, tal como se ha explicado en las páginas anteriores.

2 Retire los papeles y planche la forma más grande. Añada las otras capas una a una, asegurándose de que las coloca como en la versión coloreada de la plantilla que hay al final del libro.

DISEÑOS POR SUPERPOSICIÓN

1 Numere las pequeñas formas, como estas pezuñas, a medida que las vaya calcando. Anote los números correspondientes en la plantilla para que no se mezclen.

2 Siga las instrucciones paso a paso de cada manualidad para saber exactamente cómo debe quedar el diseño final y en qué orden debe colocar las diferentes formas.

OTRAS TÉCNICAS PARA PONER LOS APLIQUES

Algunas telas, entre las que se incluyen
el borreguito, el PVC y el cuero, requieren
una técnica distinta porque son más gruesas
y no se pueden planchar. En este caso,
para realizar labores con apliques, en primer
lugar deberá hacerse un patrón en papel
para sus dibujos. A continuación, deberá coser
los motivos a mano o pegarlos al fondo.

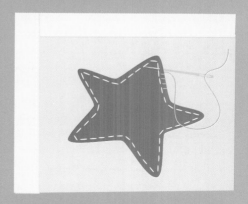

APLIQUES SOBRE BORREGUITO

1 Para realizar un patrón en papel, calque
y recorte la plantilla siguiendo la silueta
puesta del revés y luego gírela. Sujétela
con alfileres a la tela de borreguito y recorte
por el borde.

2 Sujete el motivo con alfileres al material de
fondo deseado e hilvánelo. Retire los alfileres
y ribetee con una serie de puntadas largas
con hilo del mismo color, tal como se
muestra en la pág. 20. Quite el hilván.

APLIQUES SOBRE PVC O HULE

Trace con un lápiz los patrones puestos
boca abajo sobre el reverso de la tela y corte
siguiendo la silueta. Organice las formas
y péguelas con una fina capa de pegamento
blanco o para madera.

APLIQUES SOBRE CUERO

No es fácil coser más de una capa de cuero,
por lo que para mi perro Stanley fue necesaria
la técnica del estarcido. Use una aguja especial
para coser las figuras.

Puntos básicos

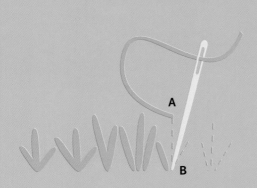

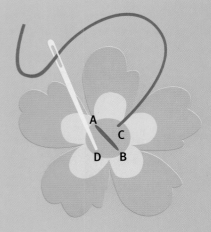

PUNTO RECTO

Saque la aguja por A y clávela en B, trazando una línea corta. Las puntadas rectas de diferentes largos se emplean para trabajar los detalles, como los rasgos faciales, y para «rellenar» pequeños motivos, como esta hierba.

REMATE DE PUNTO RECTO

Dé en perpendicular una serie de puntadas iguales y separadas por la misma distancia en todo el borde del aplique. Si se emplea un hilo de costura del mismo color, las puntadas apenas se notan. En cambio, si se opta por un hilo de un color muy distinto, tienen un efecto decorativo.

PUNTO DE CRUZ

Haga dos puntadas rectas, una sobre la otra, para formar una cruz. La primera debe ir de A a B y la segunda, en diagonal, de C a D. Las puntadas de cruz individuales se utilizan como puntadas distintivas o como una forma decorativa de sujetar apliques diminutos.

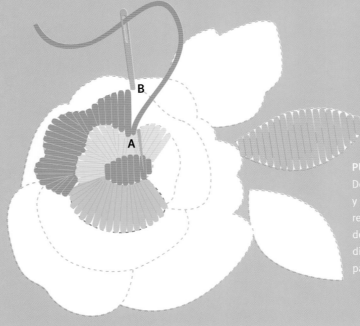

PUNTO SATINADO

Debe su nombre al acabado tan nítido y lustroso que ofrece una hilera de puntadas rectas dispuestas en paralelo, una al lado de otra. Procure hacerlas todas en la misma dirección, de A a B, y variar su largura para rellenar la forma en cuestión.

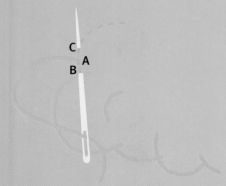

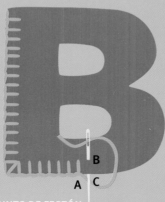

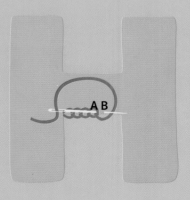

PUNTO ATRÁS

Empiece con una puntada recta hacia atrás, de A a B, y luego saque la aguja por C, situado a la izquierda a medio punto de B. Vuelva a hacer una puntada en A y proceda de la misma forma hasta al final para obtener una hilera continua de puntadas.

PUNTO DE FESTÓN

Este punto asegura el aplique o une dos piezas de fieltro. Empiece en A, en la línea inferior, y saque la aguja por la parte de arriba (B). Forme una anilla hacia la izquierda y clave la aguja junto al lugar por donde ha salido (C). Saque la aguja verticalmente por dentro de la anilla. Tire del hilo y continúe así hasta el final.

PUNTO DE CADENETA

Esta puntada de lazo crea una hilera ancha que es adecuada tanto para líneas rectas como curvas. Empiece en A y haga un bucle con la hebra de izquierda a derecha. Vuelva a clavar la aguja en A y saque la punta de esta por B pasando por dentro del bucle. Repita esta acción empezando la siguiente puntada en B.

PUNTO DE MARGARITA

Es una variante del punto de cadeneta, pero a diferencia de este se compone de puntos aislados. El lazo se fija con una pequeña puntada recta. Las puntadas pueden disponerse de forma radial para crear delicados motivos florales. Las rosas del cubreteteras se bordaron con este punto.

Cómo bordar

CÓMO BORDAR

Aunque este libro explica la técnica del bordado de un modo muy informal, conviene tener presentes los siguientes aspectos cuando haga las manualidades: dedicará tiempo y destreza a las creaciones, y no resulta difícil lograr un acabado profesional.

EL HILO DE BORDAR

En las manualidades de este libro se ha utilizado el hilo de bordar. Se presenta en madejas que se sujetan por ambos extremos con unas tiras de papel, una más ancha que otra. Para que no se le enrede, agarre el papel más estrecho con una mano y luego tire con cuidado de la hebra suelta por el otro extremo.

CÓMO ESCOGER UNA AGUJA

Para el hilo de bordar, elija una aguja especial de bordado. Tiene un ojal más largo por el que pueden pasar perfectamente las seis hebras del hilo de bordar, y además atraviesa sin dificultad la tela. Para el hilo de coser, necesitará una aguja más fina con un ojal más pequeño (muy puntiaguda).

CÓMO EMPEZAR Y TERMINAR

En primer lugar, asegure la hebra con un nudo en un extremo. Si debe hacer una única hilera de puntadas, clave la aguja por el reverso (o lado malo) de la tela. En los diseños de bordado, para evitar que se formen nudos irregulares clave la aguja por el derecho (o lado bueno), a 2 cm de la zona que se vaya a trabajar. Las puntadas fijarán el excedente de hilo. Corte el nudo cuando haya terminado. Empiece con el siguiente trozo de hilo pasando la aguja por debajo de las puntadas anteriores, dejando una cola corta, y fijando el hilo con una puntada atrás. Repita la misma operación para terminar.

CÓMO ENHEBRAR LA AGUJA

Doble un extremo del hilo y sostenga el bucle con los dedos índice y pulgar. Acerque el ojo de la aguja al bucle y luego introduzca el bucle en el ojo. Trabaje con 45 cm de hilo; si es más largo, puede deshilacharse mientras cose.

CÓMO BORDAR CON APLIQUES

La técnica del bordado es útil para los elementos de menor tamaño de un diseño, como los mástiles de estos veleros. En esta camiseta, una hilera de punto de cadeneta en azul representa la silueta de las nubes, tal como muestra el diseño original.

CÓMO BORDAR SOBRE LA ENTRETELA

Se trata de una técnica ideal cuando trabajamos con prendas de punto elástico o tejidas, como camisetas o calcetines, cuya tela tiende a «dar mucho de sí». La fina capa de entretela termoadhesiva no tejida (Vilene) estabiliza el fondo, de modo que las puntadas no distorsionan la tela. (Recuerde que debe dibujar sobre la cara lisa no adhesiva de la entretela).

1 La silueta del motivo debe ajustarse a la plantilla de colores, de modo que póngala del revés en una fotocopiadora si es necesario. Calque el motivo sobre la entretela con rotulador no permanente y córtelo con precisión. Memorice los colores numerando cada parte en la plantilla principal y la entretela.

2 Pegue el motivo en el fondo con la ayuda de una plancha y un paño limpio para proteger la superficie. Rellene cada zona con punto satinado utilizando el hilo del color adecuado. ¡Es tan sencillo como pintar de acuerdo con los números!

CÓMO TRASPASAR LAS SILUETAS

Si tiene buen pulso, puede dibujar las pautas para el bordado directamente en la tela de fondo. Utilice un rotulador no permanente para la mayoría de los tejidos y una tiza de sastre para los fondos muy oscuros. No obstante, lo más habitual es que necesitemos una pequeña ayuda.

1 Corte la forma deseada de una fotocopia de la plantilla invertida de la silueta. Dele la vuelta y colóquela en el dibujo del aplique, como la última pieza del puzle. Trace la silueta con un rotulador no permanente o una tiza de sastre.

2 Borde por la línea con el color y el tipo de punto que se indican en las instrucciones paso a paso. Cualquier rastro de tinta que pueda quedar se irá con el tiempo.

Cocina

Algunos de los primeros productos que ideé para mi tienda fueron accesorios de cocina. Una magnífica funda cubreteteras es perfecta para alegrar este espacio. Tanto si desea hacer un pequeño detalle (un cubrehuevos) como si opta por una manualidad más laboriosa (un mantel con apliques cosidos a mano), espero que estas páginas sean una fuente de inspiración.

Paños de cocina
de lino

Cath Kidston

DIFICULTAD: 1

MATERIAL:

- 2 paños de cocina de lino
- entretela
- periódicos viejos y una hoja de papel
- una plancha
- telas de algodón lisas: retales de color rojo, verde lima, verde esmeralda, amarillo, turquesa, rosa oscuro y marrón
- hilo de coser a juego con las telas
- rotulador no permanente para tela
- hilo de bordar de color blanco roto
- un costurero (*véase* pág. 15)

Convierta en un placer la mundanal tarea de secar los platos con estos paños de cocina tan alegres.

1 Para el paño de topos, utilice los círculos de la pág. 156 para dibujar 66 círculos en la entretela y luego recórtelos sin mucha precisión. Monte una tabla de planchar improvisada cubriendo la superficie de trabajo con periódicos, y encima de todo coloque una hoja de papel doblada. Planche los círculos en las diferentes telas, asegurándose de que tiene aproximadamente el mismo número de círculos de cada color. A continuación, recórtelos con exactitud y retire los soportes de papel.

2 Disponga un paño sobre la «tabla de planchar» y coloque los círculos en la superficie. Plánchelos en el lugar que corresponda y ribetee cada uno de ellos con varias puntadas rectas del mismo color (*véase* pág. 20).

3 Para el segundo paño, aumente en un 200% las tres flores de la página 176. Para cada flor, calque la silueta, los pétalos interiores y el centro sobre la entretela, dejando unos 5 mm alrededor de cada figura. Recorte sin precisión cada pieza y planche la entretela sobre el tejido, utilizando la plantilla de color de la pág. 175 como pauta. Recorte por las líneas hechas con lápiz.

4 Planche la flor de mayor tamaño en el centro de un extremo de un paño y luego añada los pétalos y el centro. Pegue en el otro dos flores a cada lado y fije cada capa con una serie de puntadas rectas; para ello utilice hilo de costura del mismo color (*véase* pág. anterior).

5 Con un rotulador no permanente, señale la posición de los pequeños topos alrededor de los centros de las flores, tal como se indica en la plantilla. Utilice un hilo de bordar de color blanco roto para realizar los topos con punto satinado (*véase* pág. 20).

PODRÍA OBTENER UNOS TOPOS MUY DISTINTOS SI LOS CORTARA DE TELAS ESTAMPADAS. ¿POR QUÉ NO PRUEBA A HACER UN TERCER PAÑO O INCLUSO UN CUARTO?

Servilletas y
manteles individuales

Cath Kidston

DIFICULTAD: 1
MATERIAL:

- servilletas o manteles de lino o algodón
- entretela
- una plancha
- tela de algodón lisa para cada servilleta: dos cuadrados de 15 × 15 cm, uno rojo y otro verde; retal marrón
- tela de algodón lisa para cada mantel: 15 × 30 cm rojo; 20 × 30 cm verde; retal marrón
- hilo de coser a juego
- un costurero (*véase* pág. 15)

Esta manualidad tan sencilla es la manera perfecta de iniciarse en los bordados con apliques.

1 Encontrará la silueta invertida de la manzana y los círculos en la pág. 172. Auméntelos en un 235 % para que la manzana tenga un ancho de 10,50 cm.

2 Con un lápiz afilado, calque sobre la entretela la manzana, el toque de luz, el rabillo y los círculos, separados unos de otros. Necesitará una manzana y nueve círculos para cada servilleta, y cuatro manzanas y 32 círculos por mantel. Recorte las figuras de forma imprecisa.

3 Planche la manzana y el toque de luz sobre la tela de algodón roja o la verde (*véase* pág. siguiente), los círculos sobre la tela de color verde y el rabillo sobre la marrón. Recorte cada figura siguiendo la línea hecha con lápiz y retire el papel de soporte.

4 Doble la servilleta en cuatro pliegues. Coloque la manzana inclinada en una esquina, con el borde superior mirando hacia dentro. Introduzca el rabillo debajo de la parte superior de la manzana. Coloque el toque de luz en la parte superior derecha de la manzana. Disponga tres círculos verdes en cada una de las otras esquinas. Planche las figuras en el lugar correspondiente.

5 Si hace un mantel, coloque las manzanas justo al revés, de modo que la parte superior de las mismas mire hacia fuera. Dispóngalas de forma que las piezas rojas y verdes queden en las esquinas situadas una enfrente de la otra. Pegue tres círculos verdes en cada esquina y coloque el resto a lo largo de los bordes del mantel.

6 Ribetee cada figura con una serie de puntadas rectas cortas (*véase* pág. 20). Para ello utilice hilo de coser del mismo color.

FUE UNA SUERTE ENCONTRAR ESTE MANTEL PORQUE YA TENÍA UN RIBETE ROJO. PERO SIEMPRE PUEDE ADORNAR UNA SERVILLETA LISA CON UN RIBETE AL BIES DEL MISMO COLOR.

Mantel
de desayuno

Empiece su día libre con buen pie adornando la mesa de desayuno con este divertido mantel con apliques.

1 En primer lugar, aumente las plantillas de la pág. 172: la taza, la botella y la tetera, en un 280%, y los dos huevos, en un 250%.

2 Para decidir cuántos motivos necesita, haga diferentes copias (la mitad de ellas, del reverso), recorte las figuras por separado y sujételas con alfileres alrededor de toda la costura, dejando una distancia simétrica entre ellas. Quítelas una por una a medida que rellene el espacio con los apliques.

3 Para el huevo, dibújelo con la huevera en la entretela. Planche el huevo sobre la tela de algodón de color ocre claro, y la taza, sobre la tela roja o verde. Recorte las figuras y retire los papeles. Coloque la taza, con el huevo debajo, y plánchelos.

4 Para hacer el huevo a medio comer, siga las líneas discontinuas de la cáscara posterior amarilla, y del interior y la cáscara de delante de color blanco. Coloque en primer lugar la cáscara posterior y, a continuación, ponga encima el interior, la cáscara de delante y la huevera. Planche todas las piezas.

5 Para hacer la tetera, primero planche la tapa y las franjas anchas. Luego añada las estrechas franjas de topos, doblándolas por encima del borde superior de las franjas anchas. Después añada el pico, el asa y la bola oscura de la tapa.

6 Para el motivo de la taza y la botella, empiece con la parte superior de la botella, luego añada las dos piezas del tapón, el contorno del fondo y la sombra. Coloque el platillo, esconda el borde de este último debajo y planche. Coloque la taza y esconda la base debajo. Pegue y finalice el trabajo con la bola oscura.

7 Asegure cada motivo con un ribete de puntadas rectas (*véase* pág. 20). Para ello utilice un hilo de coser a juego.

Cath Kidston

DIFICULTAD: 3
MATERIAL:

- un mantel de algodón blanco
- entretela
- una plancha
- tela de algodón lisa para cada servilleta: retales de color rojo, azul marino, ocre claro (cáscara de huevo), marrón, amarillo mostaza, blanco y verde salvia
- tela de puntos: retales azules y rosas
- hilo de coser del mismo color que las telas
- un costurero (*véase* pág. 15)

ESTA MANUALIDAD, UNA AUTÉNTICA DELICIA, ES MUY LABORIOSA.
SI NO DISPONE DE MUCHO TIEMPO, DECORE TAN SOLO UNA ESQUINA
O LA PARTE CENTRAL DE SU MANTEL.

SI NO DESEA BOLSILLOS, BASTA CON
CORTAR LAS FRESAS CON UNA ENTRETELA
DE SOPORTE Y PLANCHARLAS DIRECTAMENTE
SOBRE EL DELANTAL, COLOCANDO UN PAÑO
ENTRE LAS DOS TELAS.

Delantal
con fresas

Cath Kidston

DIFICULTAD: 2

MATERIAL:

- un delantal de algodón
- fieltro: dos de 25 × 30 cm,
  uno rojo y otro rojo oscuro;
  tres de 10 × 15 cm, verde claro,
  verde oscuro y blanco
- entretela
- plancha y paño protector
- hilo de coser a juego con los fieltros
- un costurero (*véase* pág. 15)

Incluso el cocinero más reacio se sentirá como un rey con este lindo delantal.

1 Para crear los bolsillos de las fresas, aumente el esquema de la pág. 170 en un 120%, de forma que mida unos 19 cm de altura (con las hojas). Corte la fotocopia por el borde exterior para obtener una plantilla de papel. Sujétela con alfileres en el fieltro rojo y recórtela con cuidado alrededor de los bordes.

2 Calque las sombras de color rojo oscuro sobre la entretela siguiendo la línea discontinua, recórtelas de forma aproximada y plánchelas sobre el fieltro rojo oscuro. Proteja siempre el fieltro con un paño para plancharlo. Recórtelas muy bien y colóquelas sobre la fresa roja. Asegúrela con un ribete de puntadas rectas rojas (*véase* pág. 20), con un hilo de coser a juego.

3 Haga las diferentes hojas con fieltro verde claro y oscuro, y las semillas, de fieltro blanco. Péguelas en el lugar correspondiente con la plancha, poniendo sobre todo un paño en el medio. Con un hilo de costura del mismo color, fije cada pieza con una serie de puntadas rectas.

4 Ahora haga una copia por el reverso de la plantilla aumentada y añada el segundo bolsillo de la misma forma, como un reflejo del primero.

5 Sujete con alfileres los bolsillos en el delantal, procurando que queden a la misma altura. Fíjelos con una serie de puntadas rectas rojas que ribetee la fresa, empezando a 2 cm de distancia de las hojas verdes de la izquierda y terminando a 2 cm de las hojas de la derecha. Haga algunas puntadas más a cada lado de la abertura para reforzar el bolsillo.

SI SE LE DA MUY BIEN LA COSTURA, PUEDE CREAR SU PROPIO
DELANTAL CON UN RECTÁNGULO DE TELA LISA DECORADO
CON UN RIBETE DE ALGODÓN A CUADROS.

Cubrehuevos

DIFICULTAD: 1

MATERIAL:

- un rectángulo de papel de 7 × 9 cm
- una regla
- entretela
- plancha y paño protector
- fieltro: 12 × 20 cm (rosa); 12 × 15 cm
  (rojo); 12 × 15 cm (azul); retales
  de color verde claro, verde oscuro,
  blanco y marrón
- hilo de bordar verde, marrón, blanco
  roto, rojo y rosa
- hilo de coser que combine con los fieltros
- un costurero (*véase* pág. 15)

Decore sus huevos cocidos al estilo tradicional con un juego de tres adorables cubrehuevos de fieltro.

1 Para el diseño de los cubrehuevos doble el papel por la mitad de forma longitudinal. En un extremo superior trace una curva que vaya de un lado a otro, corte por dicha línea y despliegue. Con esta pauta, corte dos figuras de fieltro rojo, azul y rosa.

2 Para hacer el cubrehuevos rojo, calque sobre la entretela la estrella de mayor tamaño de la pág. 154 y péguela en el fieltro rosa con la plancha (no se olvide de colocar un paño protector sobre el fieltro). Recorte por la línea, retire el papel y pegue la estrella en una figura de fieltro roja. Ribetéela con unas puntadas rectas (*véase* pág. 20) con un hilo de bordar verde.

3 Para hacer el cubrehuevos azul, aumente en un 115 % el motivo de la rosa que se encuentra a la izquierda de la pág. 162 y dibuje los motivos en la entretela. Recórtelos y disponga los pétalos en el fieltro correspondiente.

4 Retire los soportes y centre la rosa principal sobre un cubrehuevos de fieltro azul. Coloque las hojas debajo de cada lado, añada los pétalos y plánchelos. Ribetee cada pieza de fieltro con unas puntadas rectas con hilo de coser a juego. Con un hilo trenzado marrón, borde el centro de la rosa con unas puntadas rectas (*véase* pág. 20).

5 Para hacer el cubrehuevos rosa, reduzca la pequeña fresa de la pág. 170 en un 60 %. Empleando la entretela, haga la fresa con fieltro rojo; luego añada las hojas de color verde claro y oscuro. Recree las semillas con unas puntadas rectas muy pequeñas; para ello escoja hilo de color blanco roto.

6 Para terminar los cubrehuevos, sujete las partes delanteras con las correspondientes traseras. Deje el extremo inferior abierto y ribetee con punto de festón (*véase* pág. 21) con hilo verde en el caso del cubrehuevos rojo, rosa en el azul y rojo en el rosa.

SOBRE TODO, NO OLVIDE UTILIZAR UN PAÑO PROTECTOR: ¡ASÍ EVITARÁ QUE EL FIELTRO SE ADHIERA A LA BASE DE LA PLANCHA!

APROVECHE UN DIMINUTO BOTÓN DEL PUÑO
DE UNA CAMISA VIEJA O UNA PERLA PARA
CONFECCIONAR EL RELUCIENTE OJO DEL GALLO.

Cubre-teteras

A la hora del té nunca puede faltar un cubreteteras. ¡A buen seguro que este simpático gallo rojo de mi serie «Desayuno» no pasará desapercibido sobre el fondo de topos!

1 Aumente en un 210% el gallo de la pág. 172 o bien al tamaño que se ajuste al cubreteteras. Calque el esquema básico (sin las patas, la cresta y la barba) sobre la entretela. Córtelo y péguelo sobre el fieltro rojo aplicando calor con la plancha (use siempre un paño protector para planchar el fieltro). Recorte con precisión siguiendo el trazo de lápiz. Retire el papel de soporte y planche el gallo en el centro del cubreteteras.

2 Siga el mismo procedimiento, utilizando la entretela, para realizar todos los detalles. Dibuje alrededor del borde exterior del ala y recorte esta forma de fieltro blanco. Plánchela en el lugar adecuado y luego añada la capa verde. A continuación, añada las tres plumas blancas y las plumas más pequeñas para dar relieve al ave.

3 Pegue las seis plumas blancas de la cola, añadiendo dos verdes y otras dos azules arriba de todo. Corte las patas, la cresta y la barba de fieltro amarillo, y plánchelas en el lugar adecuado. Estas tres piezas deben unirse a la figura principal, sin solaparse. Añada las dos piezas marrones que representan la sombra; deben quedar dentro del cuerpo del gallo, encajadas junto al borde.

4 Asegure cada pieza con unas puntadas rectas cortas (*véase* pág. 20); para ello emplee un hilo de coser a juego.

5 El ojo es lo que da un toque final de distinción a esta manualidad. Para hacerlo, cosa un pequeño botón blanco con hilo oscuro.

Cath Kidston

DIFICULTAD: 2

MATERIAL:

- un cubreteteras ya hecho
- entretela
- fieltro: un cuadrado de 20 cm de lado rojo; dos cuadrados de 10 cm de lado, uno blanco y otro verde oscuro; retales azul claro, amarillo y marrón
- plancha y paño protector
- hilo de coser que combine con los fieltros
- 1 pequeño botón para el ojo
- un costurero (*véase* pág. 15)

PARA COSER EL RIBETE CON PUNTO RECTO, PERFORE TAN SOLO
LA CAPA SUPERIOR DE LA TELA EN VEZ DE TODO EL GRUESO RELLENO.

DIBUJE EL BORDE FESTONEADO DEL MANTEL SOBRE PAPEL DE CALCAR, AYUDÁNDOSE DE UNA MONEDA O DE UN BOTÓN GRANDE PARA OBTENER LAS SUAVES CURVAS.

Maceta con marco

Cath Kidston

DIFICULTAD: 3

MATERIAL:

- un marco
- una tela gruesa de color crema que se ajuste al marco
- entretela, plancha y paño protector
- tela de algodón: 30 × 45 cm de tela roja a cuadros; dos telas 10 × 15 cm, una verde lisa y otra azul a topos
- fieltro: 10 × 30 cm (rojo); tres cuadrados de 10 cm de lado, azul, rosa y amarillo; 4 × 15 cm (marrón)
- hilo de coser a juego con las telas
- hilo de bordar de color rojo
- 3 botones, 4 cuentas rojas, 3 diamantes
- un costurero (*véase* pág. 15)

Renueve un viejo marco con esta maceta confeccionada con apliques, una adaptación de mi serie «Circus Flowers».

1 Para el «mantel», recorte dos tiras de entretela de 5 cm con el mismo ancho que el fondo de color crema. Plánchelas sobre la tela de algodón a cuadros: una debe quedar paralela a los cuadros y la otra, perpendicular. Retire los papeles.

2 Planche la primera tira del fondo, a 2 cm de la parte inferior. Pegue la segunda tira justo encima. Dibuje una franja festoneada de 1,5 cm, del mismo ancho, sobre la entretela, córtela del fieltro rojo y plánchela sobre la juntura. Recuerde que debe cubrir el fieltro con un paño protector.

3 Aumente el tamaño de la plantilla de la pág. 176 de modo que se ajuste al marco. Calque las dos partes de la maceta sobre la entretela y recórtelas de forma aproximada. Presione el cuerpo de la maceta sobre el fieltro azul y el borde sobre el marrón. Recórtelos y péguelos en el soporte. Añada seis puntos de fieltro rojos al cuerpo de la maceta.

4 Recorte las hojas y flores de fieltro y tela siguiendo la misma operación; utilice la imagen de la página siguiente como pauta para los colores. Retire los soportes.

5 Disponga en capas las diferentes piezas, colocando primero los pétalos azules y amarillos, y luego la flor rosa con su centro rojo a la derecha. Introduzca las hojas por debajo del borde de las flores, y añada los tres pétalos rojos y el centro azul de la flor. Presione sobre todas las piezas para fijarlas en el lugar adecuado.

6 Ribetee cada figura con unas puntadas rectas (*véase* pág. 20) con un hilo de color a juego. Con hilo rojo, ribetee con punto de festón (*véase* pág. 21) el centro de la flor más grande y los topos. Añada un botón al centro de cada flor, cuatro cuentas rojas a los pétalos amarillos y tres diamantes de imitación en lo alto de la maceta.

EL MANTEL A CUADROS ESTÁ DELICADAMENTE CORTADO AL BIES DE LA TELA PARA CREAR UNA SENSACIÓN DE PERSPECTIVA.

Agarradores
y manoplas

Cath Kidston

DIFICULTAD: 2
MATERIAL:

- 2 manoplas para el horno y 2 agarradores
- entretela
- plancha y paño protector
- fieltro: 10 × 20 cm de color ocre claro
- tela de algodón lisa: retales de color blanco, amarillo y marrón
- telas estampadas de algodón: 15 × 20 cm de color rosa a topos; un cuadrado de 10 cm de lado de color azul a topos; 10 × 15 cm de tela floreada
- hilo de coser que combine con las telas
- un rotulador no permanente para tela
- hilo de bordar marrón
- un costurero (*véase* pág. 15)

Añada un toque retro muy hogareño a su cocina con estos bonitos y prácticos complementos.

1 Modifique las siluetas de las hueveras de la pág. 172 para que se ajusten a las manoplas; en mi caso, las aumenté en un 325 %. Calque las diferentes partes de la plantilla sobre la entretela y recorte cada figura de forma aproximada. Pegue las cáscaras en el fieltro (utilice un paño protector cuando planche fieltro) y las otras figuras en la tela de algodón: el blanco para la clara del huevo y los toques de luz, el amarillo para el interior de la cáscara, el género de topos para las hueveras y el marrón para el borde de las bases. Recorte con cuidado.

2 Retire los papeles y coloque las dos hueveras sobre las manoplas. Introduzca las cáscaras y los bordes debajo de ellas y añada el interior de la cáscara y la clara al huevo a medio comer. Termine con los tres pequeños toques de luz. Asegure cada pieza con puntadas rectas (*véase* pág. 20) con hilo de coser del mismo color.

3 Aumente el motivo de la taza en un 260 % para que se ajuste a un agarrador de 21 cm. Dibuje sobre la entretela la taza y su borde, el platillo y su borde, y el asa. Recorte. Planche la taza y el platillo en el reverso de la tela a topos y la floreada, y las otras piezas, en el tejido marrón. Recorte.

4 Retire los soportes y coloque la taza y el platillo sobre el agarrador. Ponga los bordes marrón en el lugar adecuado, añada el asa y plánchelos con el fin de adherirlos. Para lograr una imagen reflejo en el segundo agarrador, invierta la plantilla del asa y péguela al otro lado de la taza.

5 Dibuje las cinco líneas que representan el vapor con un rotulador no permanente. Cosa estas curvas con punto de cadeneta (*véase* pág. 21) con hilo de bordar marrón.

AÑADA UNA PRÁCTICA VETA A SUS MANOPLAS Y AGARRADORES SI NO LA LLEVABAN YA INCORPORADA. ¡ASÍ LOS PODRÁ COLGAR Y TENER SIEMPRE A MANO!

Dormitorio

Me encantan estas fundas con apliques de topos. Además, es una magnífica forma de aprovechar retales. Es fácil encontrar ropa de cama de estilo *vintage* en los mercadillos, pero en una tienda también podrá adquirir un sencillo juego de sábanas.

EL CHAL ROSA PERLADO
CONFIERE UN TOQUE MUY
FEMENINO A ESTA MANUALIDAD.
PARA CAUSAR MÁS SENSACIÓN,
ELIJA UN COLOR DE FONDO
MÁS OSCURO.

Chal con rosas

Este distinguido chal con estampado de rosas transformará su dormitorio en un tocador.

1 Calque sobre la entretela las siluetas de las dos rosas de la plantilla de la pág. 164 siguiendo la línea discontinua situada en el borde de la flor más pequeña. Recórtelas de forma aproximada. Pegue la rosa de mayor tamaño en la tela de algodón rosa y la de menor tamaño, en la tela de algodón roja. Recórtelas con precisión.

2 Retire los papeles y coloque las rosas en el centro, en el extremo del chal. Introduzca el borde izquierdo de la rosa roja por debajo de la de color rosa.

3 Ahora calque en la entretela el conjunto de las 12 hojas siguiendo las líneas discontinuas y las continuas. Adhiera la cara adhesiva en la tela verde.

4 Para el siguiente paso, empiece por la parte superior central y trabaje en el sentido de las agujas del reloj. Recorte la gran hoja doble, retire el soporte de papel e introdúzcalo por detrás de las dos rosas. Sitúe las otras hojas ayudándose de la plantilla de color de la pág. 163.

5 Extienda un paño protector sobre las piezas con el fin de proteger el chal del calor directo y adhiéralas con la plancha caliente.

6 Ribetee cada rosa y hoja con unas puntadas rectas cortas (*véase* pág. 20). Para ello escoja un hilo de costura a juego.

7 Dibuje todos los pétalos rojos de la rosa de color rosa y planche las piezas de entretela sobre el algodón rojo. Recorte y planche los pétalos uno por uno, comprobando con la plantilla el lugar que deben ocupar. Cree las sombras de algodón marrón de la misma forma.

8 Añada los pétalos rosas y las sombras marrones a la rosa roja y luego ribetee la figura con unas puntadas rectas; para ello utilice un hilo rosa, rojo o marrón.

9 Coloque un segundo aplique en forma de rosa en el otro extremo del chal.

Cath Kidston

DIFICULTAD: 3

MATERIAL:

- echarpe o pashmina rosa de lana
- entretela
- plancha y paño protector
- tela de algodón lisa: cuatro piezas de 15 × 20 cm, rosa, rojo, verde claro y marrón oscuro
- hilo de coser a juego con las telas
- un costurero (*véase* pág. 15)

AUMENTÉ LIGERAMENTE LA PLANTILLA PARA QUE SE AJUSTARA A LAS MEDIDAS DE MI CHAL. PERO SI DESEA UN EFECTO MÁS ESPECTACULAR, PUEDE AUMENTAR LA PLANTILLA EN UN 200%.

Funda para bolsa de agua

¿Quién se resiste a acariciar este suave Stanley de borreguito?

1 Calque sobre papel la silueta de Stanley que encontrará en la pág. 148. Recorte la cabeza y el cuerpo, y luego gire las piezas de forma que el perro mire hacia la derecha. Sujete con alfileres las dos figuras en el borreguito de color gris piedra claro y recórtelas.

2 Coloque a Stanley en la parte anterior de la funda, dejando un pequeño espacio entre la cabeza y el cuerpo. Con alfileres sujete las figuras en el lugar que corresponda (asegúrese de que los alfileres no atraviesan la parte posterior de la funda) e hilvánelas. Ribetee cada forma con unas puntadas rectas (*véase* pág. 20); para ello escoja un hilo de coser a juego.

3 Ahora recorte las manchas del cuerpo y la pata de Stanley de la plantilla de papel, deles la vuelta y sujételas con alfileres en el borreguito de color gris piedra oscuro. Recórtelas y, a continuación, sujételas con alfileres, hilvánelas y cósalas en el lugar que corresponda con un hilo de color gris piedra oscuro.

4 Para hacer el collar de Stanley, corte una tira de 5 mm de fieltro o borreguito rojo que se ajuste a su cuello. Hilvánelo en el lugar adecuado y cósalo con unas puntadas rectas rojas. Cosa un botón en el centro a modo de etiqueta identificativa.

Cath Kidston

DIFICULTAD: 2

MATERIAL:

- funda para bolsa de agua caliente de borreguito rojo
- lápiz afilado y papel de calcar
- tela de borreguito: cuadrado de 25 cm de lado, color gris piedra claro; 10 × 20 cm, color gris piedra oscuro; retal de borreguito rojo para el collar
- hilo de coser que combine con las telas
- un botón pequeño para la etiqueta del perro
- un rotulador no permanente para tela
- hilo de bordar marrón
- un costurero (*véase* pág. 15)

5 Dibuje los ojos, la nariz y la boca con un rotulador no permanente, y borde las líneas con puntadas satinadas y rectas con hilo de bordar marrón. Confeccione la parte interior de las orejas con retales de borreguito de color gris piedra oscuro y cósalas con un hilo que combine.

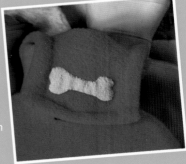

6 Use el hueso de la pág. 148 para confeccionar un motivo de aplique con fieltro de color gris piedra claro y cósalo a la solapa con puntadas rectas.

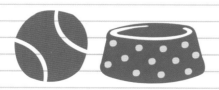

LE RESULTARÁ MÁS FÁCIL COSER LAS FIGURAS EN LA FUNDA SI INTRODUCE UNA MANO DENTRO DE ELLA PARA SOSTENER LA TELA MIENTRAS COSE CON LA OTRA.

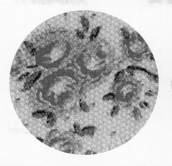
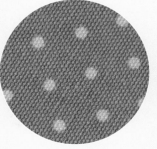

SI LE GUSTA ESTA MANUALIDAD, ¿POR QUÉ NO PRUEBA A HACERLA CON UN MOTIVO DISTINTO, POR EJEMPLO UNAS ESTRELLAS FUGACES EN MITAD DE LA NOCHE?

Funda de almohada y sábana estampadas

Cath Kidston

DIFICULTAD: 1

MATERIAL:

- una funda de almohada y una sábana
- entretela
- periódicos viejos y una hoja de papel
- una plancha
- telas de algodón: retales de varios estampados
- hilo de costura a juego con las telas
- un costurero (*véase* pág. 15)

Embellecer la ropa de cama es una excelente forma de aprovechar diminutos retales sueltos de algodón.

1 Recopile todos los retales de tela y lave y planche las nuevas piezas. Decida cuáles serán los dos colores para el tema principal (yo elegí el rosa y el azul) y seleccione un conjunto de tejidos de algodón estampados en estos tonos.

2 Con un lápiz afilado, calque los 20 círculos de la pág. 156 sobre la entretela por el lado del papel. Para la funda de almohada necesitará cien círculos, por lo que tendrá que calcar la página cinco veces. Recorte cada círculo de forma aproximada, dejando un margen de unos 5 mm alrededor de cada uno.

3 Proteja la mesa con una gruesa capa de hojas de papel de periódico y encima de ella coloque una hoja de papel: será su tabla de planchar improvisada. Planche los topos por el revés (el lado malo) de los diferentes tejidos, seleccionando las zonas más interesantes de los diseños estampados, y corte por las líneas hechas con lápiz.

4 Extienda la funda de almohada sobre la hoja de papel. Retire los papeles de soporte y distribuya los círculos al azar por la funda con la cara adhesiva hacia abajo. Presione sobre ellos con una plancha caliente para fijarlos.

5 Ribetee cada círculo con puntadas rectas (*véase* pág. 20 y el detalle de la pág. anterior). Para ello escoja un hilo de coser a juego.

6 El borde de la sábana está decorado de la misma forma. Si desea un borde más estrecho, como se muestra en la imagen, corte unos 70 círculos para una doble sábana y unos 40 para una sábana individual.

SI NO DESEA RELLENAR TODA LA FUNDA DE ALMOHADA, EMPLEE MENOS CÍRCULOS Y DISPÓNGALOS A MODO DE RIBETE O FORMANDO UN SENCILLO PATRÓN REPETITIVO.

Patucos
con pájaro cantor

Cath Kidston

DIFICULTAD: 3

MATERIAL:

- un par de calcetines de cachemira
- entretela fina termoadhesiva y no tejida
- rotulador no permanente para tela
- una plancha y un paño protector
- hilo de costura de color marrón claro, rojo, rosa, marrón oscuro, blanco roto y verde
- un costurero (*véase* pág. 15)

Estos patucos son una auténtica preciosidad y mantendrán sus pies bien abrigados todo el invierno.

1 Aumente en un 120% la plantilla del pájaro que encontrará a la derecha de la pág. 162. Sitúe un rectángulo de 5 × 6 cm de entretela sobre la silueta con la cara fina (la no adhesiva) hacia arriba. Emplee un rotulador no permanente para repasar las líneas y luego recorte el pájaro siguiendo el borde exterior.

2 Planche el pájaro que ha recortado sobre el lado de un calcetín, justo debajo del elástico. Utilice la plancha a muy poca temperatura y recuerde que debe proteger las fibras suaves con un paño.

3 Enhebre una aguja de ojal grande con un hilo de bordar marrón claro. Borde las alas del pájaro haciendo tres hileras de puntadas satinadas (*véase* pág. 20), que deben quedar entre las líneas de tinta. A continuación, haga la cola, el cuerpo y la cabeza, también de punto satinado. Fíjese en la fotografía para comprobar los colores y la dirección de las puntadas.

4 Confeccione las manchas rosas de la cabeza con punto satinado y luego haga varias puntadas cortas de color marrón oscuro para crear el ojo, el pico y la pata.

5 Por último, rellene el resto de la cabeza con unas puntadas satinadas de hilo blanco. Emplee el resto del hilo para delimitar el cuello, el cuerpo, la cola y el ala con punto atrás (*véase* pág. 21). Use un hilo verde para confeccionar la rama con punto atrás.

6 Borde el segundo pájaro en el otro calcetín, girando la plantilla para obtener así el par.

INTRODUZCA UNA MANO POR LA PARTE SUPERIOR DEL CALCETÍN PARA SOSTENER LA TELA MIENTRAS BORDA CON LA OTRA, CON CUIDADO DE NO PINCHARSE EN EL DEDO.

Fundas
de almohada

Dormir con esta almohada tan primaveral es garantía de unos dulces sueños...

1 Los dos motivos florales de las esquinas se encuentran en la pág. 168. Yo los utilicé en este mismo tamaño, pero si desea puede aumentarlos un poco para lograr un resultado más llamativo.

2 Calque los diferentes elementos sobre la entretela siguiendo las líneas discontinuas de las flores de mayor tamaño. Numere cada parte del dibujo y luego copie estos números en su calco.

3 Recorte todas las flores, hojas y puntos de forma aproximada, y plánchelos sobre las telas de algodón. Consulte el patrón en color de la pág. 167 para lograr los tonos adecuados.

4 Corte cada pieza siguiendo el trazo a lápiz, pero no retire el papel hasta que las haya colocado todas en su lugar para planchar, siguiendo la numeración.

5 La flor más grande es la base de cada grupo de flores. Por tanto, colóquela en primer lugar y, a continuación, añada las dos capas de pétalos y el centro oscuro encima. Fíjelas en el lugar adecuado con la plancha caliente y luego añada las flores más pequeñas y sus centros. Finalmente distribuya los topos y las hojas alrededor de las flores y péguelos en el lugar que les corresponda.

6 Ribetee con punto recto todas las figuras grandes (*véase* pág. 20); para ello escoja un hilo de costura a juego. Con hilos de bordar, decore las hojas con un solo punto recto de color verde oscuro para representar la nervadura central, y los topos y los centros de las flores, con un simple punto de cruz (*véase* pág. 20); para ello escoja unos hilos que combinen.

Cath Kidston

DIFICULTAD: 2

MATERIAL:

- un par de fundas de almohada lavadas y planchadas
- entretela
- plancha
- tela de algodón lisa: retales de color rosa, rojo, blanco, marrón, verde, amarillo, naranja, azul y granate
- hilo de coser a juego con los tejidos
- hilo de bordar a juego con los tejidos
- un costurero (*véase* pág. 15)

LOS DISEÑOS FLORALES SE PUEDEN HACER TANTO A GRAN ESCALA COMO A PEQUEÑA. ECHE UN VISTAZO AL CUBRETETERAS DE LA PÁGINA 26 PARA VER UNA VERSIÓN MUY AMPLIADA.

SI SU PIJAMA NO TIENE BOLSILLO, PUEDE BORDAR
LA HILERA DE FLORES DIRECTAMENTE SOBRE LA PIEZA
DE ARRIBA.

Pijama con
ribetes florales

Cath Kidston

DIFICULTAD: 2

MATERIAL:

- un pijama de algodón
- entretela fina termoadhesiva
  y no tejida
- rotulador no permanente para tela
- plancha y paño protector
- hilo de bordar de color rosa, rojo
  y blanco roto
- un costurero (*véase* pág. 15)

El bordado de flores rojas y rosas añade un dulce y jovial toque al clásico pijama de algodón.

1 En la pág. 166 encontrará las plantillas para crear esta manualidad. Cambie el tamaño para que se ajuste a las medidas de su pijama. Yo reduje las dos plantillas en un 70%.

2 Corte una cinta de entretela fusible un poco más grande que la tira de flores. Colóquela sobre la fotocopia con el lado fino (no adhesivo) hacia arriba. Calque los contornos con un rotulador no permanente y luego recorte las cinco flores.

3 Pegue las flores en la parte superior del bolsillo con la plancha a baja temperatura, protegiendo la tela con un paño. En primer lugar planche la gran flor que está en el medio, con la cara lisa todavía hacia arriba, y luego coloque una flor pequeña a cada lado y otra grande a un extremo y a otro de la tira.

4 Haga el bordado con punto satinado (*véase* pág. 20). Cosa primero los pétalos, ya sea en rojo o rosa, inclinando cada hilera de puntadas hacia el centro, y a continuación confeccione el centro de la flor con el otro color.

5 Decore el cuello con los dos ramitos dispuestos de forma que los capullos miren hacia dentro. Borde las flores siguiendo el procedimiento anterior, de color rojo con el centro rosa, y confeccione el capullo con punto satinado.

6 Cosa las hojas con unas puntadas satinadas de color blanco roto y haga un único punto recto justo en el centro (*véase* pág. 20). Adorne los pantalones añadiendo otro ramito en los dobladillos exteriores.

SI LE GUSTA ESTE TIPO DE BORDADO, PRUEBE A CONFECCIONAR
UN ELEGANTE MONOGRAMA EN OTRO PIJAMA. ENCONTRARÁ TODO
EL ALFABETO EN LA PÁG. 159.

Cojín con casa de campo

Cath Kidston

DIFICULTAD: 3

MATERIAL:

- una funda de cojín de 45 cm de lado
- entretela
- plancha y paño protector
- *tweed*: dos piezas de 10 × 25 cm, una rosa y otra roja; retal de color marrón
- fieltro: 10 × 20 cm de color marrón; 10 × 10 cm, una verde y otra gris piedra; retales de color azul, amarillo, blanco y rojo
- tela de algodón a cuadros: un cuadrado de 10 cm de lado
- hilo de coser que combine con las telas
- hilo de bordar de color azul, blanco roto, marrón, verde, rosa y rojo
- un costurero (*véase* pág. 15)

Este cojín, bordado con una versión modernizada de un clásico, dará a su dormitorio un toque rústico con mucho encanto.

1 Aumente en un 135 % la plantilla de la pág. 174. Calque la casa de campo y el tejado sobre la entretela. Planche la casa sobre el *tweed* rosa, y el tejado, sobre el rojo. Recorte y retire el soporte. Adhiéralos en el centro de la funda de modo que el tejado quede superpuesto a la casa. Añada la chimenea sobre el *tweed* rojo y marrón.

2 Para hacer las ventanas, corte los cuadrados exteriores de fieltro marrón, los interiores, del azul, y las cortinas, de la tela de algodón a cuadros. Retire los papeles y luego planche los cuadrados marrones, los azules y las cortinas. Fije el fieltro marrón y las cortinas con un círculo de puntadas rectas (*véase* pág. 20) con hilo de coser a juego. Emplee un hilo de bordar azul para confeccionar el borde interior de las cortinas. Haga dos puntadas rectas largas de color blanco y marrón para el marco de cada ventana, y fije los centros con unas pequeñas puntadas en diagonal.

3 Recorte los detalles en fieltro: el césped y el seto, en verde; el porche, la verja y el pomo de la puerta, en marrón; el caminito de entrada, en gris piedra; la puerta, en amarillo; el montante y la nube, en blanco. La pared es de *tweed* rojo. Retire los papeles y coloque las diferentes piezas en este orden: el césped, el caminito, el porche, la puerta, el pomo de la puerta, el montante, la verja, la pared y los setos. Presione y cóvalas en el lugar correspondiente.

4 Con un rotulador no permanente, dibuje las líneas donde deben ir las enredaderas de rosas, la nube azul y los pájaros. Borde las rosas con puntadas de cadeneta, de margarita y rectas; la nube, con punto de cadeneta, y los pájaros, con punto recto, empleando los colores adecuados (*véanse* págs. 20-21). Complete el montante con unas puntadas rectas marrones. Borde el pomo de la puerta. Haga ocho topos con el fieltro rojo y dos ladrillos marrones, y péguelos al seto y a la pared. Por último, haga las hojas con punto recto y añádalas.

NO SE OLVIDE DE COLOCAR EL PAÑO PROTECTOR CUANDO PEGUE LOS APLIQUES. EL CALOR DIRECTO DE LA PLANCHA PUEDE DAÑAR EL *TWEED* Y EL FIELTRO.

Bolsas

Soy una apasionada de las bolsas. No diseño bolsos de lujo, sino fantásticas bolsas de uso diario para ir a comprar. No hay nada como una gran bolsa de lona donde cabe de todo. Elija los diseños que más le atraigan y personalice una bolsa aburrida con estrellas, vaqueros o los clásicos estampados de rosas. ¡La elección no será fácil!

PARA DAR MÁS COLOR
A LA BOLSA Y HACERLA MÁS
RESISTENTE, BASTA CON AÑADIR
UN FORRO DE ALGODÓN.

Bolsa floreada

Cath Kidston

DIFICULTAD: 1
MATERIAL:

- bolsa de lona de algodón
- entretela
- plancha
- tela de algodón de topos: una pequeña cantidad de cada color (azul oscuro, azul claro, rosa, verde, rojo y amarillo)
- tijeras pequeñas / tijeras de uñas
- hilo de costura a juego
- un costurero (*véase* pág. 15)

Añada a una bolsa lisa estas primaverales flores de topos y verá cómo se convierte en la compañera favorita para ir de compras.

1 Aumente en un 120 % las plantillas de flores invertidas que encontrará en la pág. 158. Calque las siluetas y los círculos del centro en el lado de papel de la entretela. Yo utilicé 25 flores, por lo que calqué dos veces la página entera y luego añadí otra flor.

2 Recorte las flores de forma aproximada, dejando un margen de unos 5 mm alrededor de cada una. Con el lado adhesivo boca abajo, plánchelas en el reverso de las diferentes telas.

3 Ahora recorte las flores con cuidado siguiendo el borde exterior. Corte los círculos del centro y retire todos los papeles de soporte.

4 Disponga la bolsa sobre la tabla de planchar y extienda las flores por la parte delantera. Una vez que le haya convencido su distribución, péguelas.

5 Decore los bordes interiores y exteriores de cada flor con una serie de puntadas rectas (*véase* pág. 20). Para ello utilice hilo de coser a juego.

LAS TIJERAS PARA UÑAS DE HOJAS CURVAS SON IDEALES
PARA CORTAR LOS DIMINUTOS CENTROS DE LAS FLORES.

Neceser de flores
brillantes

El diseño de este neceser de PVC es floral sin ser recargado. Verá que coser telas plásticas no es más difícil que trabajar con el algodón o el fieltro.

DIFICULTAD: 1
MATERIAL:

- neceser blanco con cremallera
- tela fina de PVC: un cuadrado de 8 cm de lado azul claro; 10 × 15 cm de color rojo
- pegamento en barra
- hilo de costura rojo y azul
- un costurero (*véase* pág. 15)

1 Aumente las plantillas de las flores que encontrará al pie de la pág. 166 de forma que se ajusten a la bolsa. La mía, en concreto, tenía 13 cm de profundidad, por lo que amplié el tamaño en un 200%. Recorte una flor grande y otra pequeña de la fotocopia para usarlas como patrón de papel.

2 Coloque la flor grande en el reverso del PVC rojo y dibújela dos veces. Dibuje la flor pequeña una sola vez, por la parte posterior de la tela azul.

3 Ahora corte el centro redondo de la flor del patrón. Dibuje el grande dos veces sobre la tela azul, y el pequeño, una sola vez sobre el PVC rojo. Corte todas las formas por las líneas hechas con lápiz.

4 Adhiera la flor azul en el centro de la bolsa aplicando una pequeña cantidad de pegamento en barra. Añada una flor roja pequeña a cada lado, procurando que los centros queden a la misma altura. A continuación, pegue los centros de las flores en el lugar correspondiente.

5 Fije los apliques ribeteándolos con unas puntadas rectas (*véase* pág. 20). Para ello escoja un hilo de coser rojo o azul.

USE UNA AGUJA «FINA» PARA COSER LAS FLORES Y ASEGÚRESE DE QUE PERFORA SOLO LA BOLSA, NO EL FORRO GRUESO.

Bolsa estrellada

Cath Kidston

DIFICULTAD: 1
MATERIAL:

• bolsa roja
• tela fina de PVC: 30 × 40 cm
  de color blanco
• periódico
• pegamento blanco o para madera
• pincel
• un costurero (*véase* pág. 15)

Guarde esta reluciente bolsa plegada dentro de su bolso... ¡y nunca más volverá a necesitar una de plástico!

1 Fotocopie la silueta de la plantilla de la pág. 154 y recorte cinco estrellas de distintos tamaños. Cálquelas de forma alterna sobre el papel de calcar.

2 Con un lápiz afilado, dibuje las estrellas de papel en el reverso del PVC 35 veces, procurando que de cada tipo haya una cantidad similar. Quizá necesite hacer más estrellas si la bolsa es más grande que la mía, cuyas medidas son 35 × 40 cm.

3 Doble el periódico de modo que tenga el mismo tamaño que la bolsa y luego introdúzcalo en el interior. Ponga la bolsa sobre la superficie de trabajo y coloque las estrellas por toda la parte anterior, con la cara brillante hacia arriba.

4 Pegue cada una de las estrellas con una ligera capa de pegamento blanco. Aplique este último por el reverso y espere a que la superficie esté más o menos seca. Gire la estrella y fíjela en el lugar correspondiente, presionando sobre cada punta con las yemas de los dedos.

CORTE EL DOBLE DE ESTRELLAS SI DESEA RELLENAR AMBAS CARAS DE LA BOLSA, PERO ANTES DE TRABAJAR POR LA OTRA CARA ASEGÚRESE DE QUE EL PEGAMENTO YA ESTÉ SECO.

COMO COSER LONA ES COMPLICADO, MONTE EL DIBUJO DEL VAQUERO ANTES DE FIJARLO A LA BOLSA PARA NO LASTIMARSE LOS DEDOS.

Bolsa de lona con vaquero

Cath Kidston

DIFICULTAD: 3

MATERIAL:

- bolsa de lona
- entretela
- plancha y paño protector
- fieltro: cuadrado de 20 cm de lado, color gris piedra claro; tres cuadrados de 5 × 10 cm, color gris piedra oscuro, marrón y marrón turba
- tela tejida: retales de *tweed* rojo, tela de algodón a cuadros y tela tejana
- hilo de costura a juego
- hilo de bordar de color rojo y marrón
- rotulador no permanente para tela
- un costurero (*véase* pág. 15)

¡Vuelven los vaqueros al estilo *vintage*! Fíjese si no en esta gran bolsa de lona, con el ribete de piel característico del Oeste.

1 Amplíe el vaquero de la pág. 150 de modo que se ajuste a la bolsa y luego cálquelo a él y a su caballo sobre la entretela. Recórtelo de forma aproximada y péguelo sobre el fieltro de color gris piedra claro. Deje puesto el papel de soporte mientras añade las otras piezas, y recuerde que debe proteger el fieltro para plancharlo.

2 Vista al vaquero con una camisa roja de *tweed*, un pañuelo a cuadros de algodón y unos tejanos azules (la entretela se pone en el reverso de los géneros).

3 Utilice el fieltro de color gris piedra oscuro para la silla de montar y también para las sombras del caballo y el sombrero. La bota, la cincha de la montura y la funda de la pistola son de fieltro marrón, con el detalle añadido de *tweed* rojo que incluye la pistolera.

4 A modo de última capa, confeccione los cascos, la crin, la brida y el pelo del vaquero con fieltro de color marrón turba. Ahora ya puede retirar el soporte.

5 Fije cada pieza al motivo principal con unas puntadas rectas (*véase* pág. 20); para ello utilice un hilo de costura a juego. Cosa solo los bordes interiores de las figuras y los detalles que quedan dentro del contorno (por ejemplo, la bota y la brida), ya que el borde exterior del motivo se coserá directamente a la bolsa.

6 Planche el motivo terminado en la parte anterior de la bolsa en el lugar correspondiente. Ribetéelo con puntadas rectas, usando para ello el hilo del color apropiado. Procure no perforar el forro, en caso de que lo haya.

7 Dibuje el lazo con un rotulador no permanente y rellene la línea con punto de cadeneta (*véase* pág. 21); para ello utilice hilo de bordar rojo. Añada unas diminutas puntadas con hilo de bordar marrón para confeccionar los rasgos del caballo y el vaquero.

PARA COSER LA LONA, CLAVE Y SAQUE LA AGUJA DE FORMA PERPENDICULAR A LA TELA. SI TODAVÍA NO HA UTILIZADO UN DEDAL, ¡PUEDE QUE ESTE SEA UN BUEN MOMENTO PARA FAMILIARIZARSE CON ÉL!

ADAPTE ESTOS MOTIVOS DE ROSAS
TAN VERSÁTILES A SU PROPIO ESTILO.
COPIE LA PLANTILLA DE COLORES,
RECÓRTELOS Y ORDÉNELOS PARA CREAR
UN NUEVO DISEÑO QUE VAYA ACORDE
CON SU BOLSO.

Monedero de
etiqueta bordado

Cath Kidston

DIFICULTAD: 3
MATERIAL:

- monedero de tela
- rotulador no permanente para tela
- entretela fina termoadhesiva
  y no tejida
- plancha y paño protector
- hilo de bordar de color rosa, rojo,
  blanco roto, verde y marrón
- un cuadrado de tela de 5 cm por lado
  a juego con el monedero para forrar
  el botón
- un botón de 2 cm con gancho
  para coser
- un costurero (*véase* pág. 15)

Este monedero, que tiene la medida ideal para llevar
lo más imprescindible, es un precioso complemento
para salir a cenar.

1 Encontrará la silueta de la plantilla para la guirnalda de rosas en la pág. 162.
Compare su tamaño con el de su bolso y, si es preciso, modifíquelo con la ayuda
de una fotocopiadora.

2 Con un rotulador no permanente, calque las flores que haya escogido y las hojas
más grandes sobre la entretela termoadhesiva. Recórtelas con cuidado.

3 Disponga los motivos de forma simétrica alrededor de la solapa, reservando la
rosa central para el botón. Deje un espacio para colocarlo. Plánchelos en el lugar
adecuado, teniendo la precaución de utilizar un paño protector. Pegue la rosa
en el centro del trozo de tela cuadrada.

4 Señale los tallos y las hojas más pequeñas con un rotulador no permanente
para completar la guirnalda.

5 Rellene, en primer lugar, las partes rosas de las flores con punto satinado
(*véase* pág. 20) y, a continuación, añada los pétalos rojos. Rellene los centros
de las flores con puntadas rectas de color blanco roto (*véase* pág. 20).

6 Borde las hojas con hilo verde y añada una puntada recta marrón en el centro
de cada una. Confeccione los tallos con punto atrás; para ello emplee un hilo
verde (*véase* pág. 21).

7 Borde la rosa central del mismo modo y luego forre el botón de acuerdo con
las indicaciones del fabricante. Cósalo para completar el diseño de la guirnalda,
asegurándose de que quede bien sujeto.

UN HERMOSO BOTÓN AL ESTILO *VINTAGE* PUEDE SER UNA
ALTERNATIVA PERFECTA AL BOTÓN DE TELA BORDADO.

ESTAS FLORES DE COLOR ROJO INTENSO, CON LOS RELUCIENTES CENTROS BLANCOS, DAN MUCHA VIDA A UNA BOLSA VERDE LISA. PERO SI DESEA UN EFECTO TODAVÍA MÁS DESLUMBRANTE, PRUEBE CON UNA SELECCIÓN DE FLORES DE MÚLTIPLES COLORES.

Bolsa de deporte floreada

Cath Kidston

DIFICULTAD: 1

MATERIAL:

- bolsa de deporte lisa, de 50 cm de ancho
- una cartulina DIN A4
- un bolígrafo
- tela de nailon: 50 × 80 cm de color rojo
- tela de PVC: 15 × 25 cm de color blanco
- pegamento blanco y pincel
- un costurero (*véase* pág. 15)

Para ir al gimnasio, sustituya su bolsa de siempre por esta de flores: ¡le cambiará también el ánimo!

1 Escoja cinco tipos de flores distintos de la plantilla que encontrará en la pág. 158. Fotocópielas en la cartulina, aumentando su tamaño en un 120%. Recórtelas por los bordes y quíteles los centros.

2 Dibuje el interior y el exterior de las plantillas directamente sobre el reverso de la tela roja. Yo utilicé 45 flores, nueve de cada tamaño, para decorar mi bolsa, pero puede que usted necesite más para una bolsa más grande.

3 Ahora corte un círculo de PVC blanco, de unos 2 cm de diámetro, para confeccionar un centro para cada flor.

4 Aplique una fina capa de pegamento en el dorso de la primera flor, alrededor del agujero del centro. Cuando ya esté casi seco, haga presión con un círculo blanco por el lado brillante, hacia abajo, encima del pegamento. Repita la operación con las otras flores.

5 Cuando el pegamento blanco se haya fijado, puede adherir las otras flores en el lugar correspondiente. Extiéndalas, boca abajo, sobre papel de periódico y aplique por todo el reverso una fina capa de pegamento blanco. Déjelo reposar hasta que haya cuajado y luego presione con fuerza las flores encima de la bolsa, pétalo por pétalo. Empiece por los extremos. Fije una flor en el centro y, a continuación, rodéela con cinco flores más. Coloque las otras por los lados, en el espacio que queda entre las asas.

6 Cuando haya terminado, compruebe que todas las flores estén bien pegadas y, si es preciso, vuelva a aplicar pegamento en los puntos que se hayan levantado.

PARA QUE LOS CENTROS BLANCOS DE LAS FLORES SEAN DEL TAMAÑO APROPIADO, MÁRQUELOS CON EL TAPÓN DE UNA BOTELLA O DE UNA MONEDA GRANDE.

Cesto con fresa

Cath Kidston

DIFICULTAD: 2

MATERIAL:

- cesto con un forro de algodón
- entretela
- plancha y paño protector
- tela de fieltro: dos cuadrados de 20 cm por lado, uno rojo claro y otro rojo oscuro; uno de 10 × 15 cm (blanco); dos cuadrados de 10 cm por lado, uno verde oscuro y otro verde claro
- hilo de costura a juego con los fieltros
- pegamento en barra
- hilo de bordar de color verde claro y rojo
- un costurero (*véase* pág. 15)

Este práctico cesto, con su sencillo motivo, encarna a la perfección el estilo *vintage* con un toque contemporáneo.

1 En la pág. 170 encontrará las plantillas invertidas de las fresas. Yo utilicé la más grande para esta manualidad y aumenté su tamaño en tan solo un 110 %, de forma que se ajustara a las proporciones del cesto.

2 Calque el motivo (hojas incluidas) sobre la entretela y recórtelo dejando 5 mm desde el borde. Plánchelo sobre el fieltro rojo claro para pegarlo. Cubra siempre el fieltro con un paño para plancharlo. Recorte la fresa con precisión.

3 Ahora calque la silueta para el fieltro rojo oscuro siguiendo las líneas discontinuas donde las hojas se solapan con la fresa. Retire el soporte y plánchela sobre la figura principal.

4 Corte las piezas de las hojas del fieltro verde claro y oscuro y plánchelas sobre la fresa. A continuación confeccione las semillas con el fieltro blanco y péguelas en el lugar adecuado.

5 Retire el papel de soporte de la figura principal y ribetee con punto recto (*véase* pág. 20) las semillas y también los bordes interiores del fieltro rojo oscuro y las hojas; para ello utilice hilo de bordar a juego. No es preciso coser el borde exterior del motivo.

6 Coloque el motivo terminado en el centro de un lado del cesto y, para que no se mueva, aplique un poco de pegamento en barra. Seguidamente cósalo con punto recto con un hilo de bordar verde o rojo. Para perforar el cesto, clave la aguja de forma perpendicular al material con cuidado para no atravesar el forro.

OTRA OPCIÓN MUY VÁLIDA PARA DECORAR ESTE CESTO RECTANGULAR SERÍA COSER UNA HILERA DE TRES FRESAS DE MENOR TAMAÑO.

Bolsa con rosas para labores

Cath Kidston

Ahora que el punto vuelve a estar de moda, necesitará
una bolsa en la que guardar sus labores.

DIFICULTAD: 3

MATERIAL:

- bolsa para labores
- entretela tejida
- plancha y paño protector
- *tweed*: tres cuadrados de 20 cm
  por lado, uno rosa, otro rojo y otro
  marrón
- hilo de costura a juego con las telas
  de *tweed*
- rotulador no permanente para tela
- hilo de bordar de color marrón
- un costurero (*véase* pág. 15)

1 Encontrará la plantilla invertida para hacer esta manualidad en la pág. 164.
Yo no cambié su tamaño para decorar mi bolsa, pero la puede ampliar si lo desea.

2 Calque las dos rosas sobre la entretela. Recorte las figuras de forma aproximada
y plánchelas sobre el *tweed* rosa y rojo protegiéndolas con un paño. A continuación,
recórtelas con precisión, retire el papel de soporte y colóquelas sobre la bolsa,
introduciendo la rosa roja por debajo del borde de la de color rosa.

3 Ahora calque las hojas, sin las nervaduras. Quizá le sea de ayuda numerar cada una
ellas mientras las dibuja e indicar los números en la silueta, ya que todas las hojas
presentan un aspecto similar.

4 Retire el papel de cada hoja, una a una, y distribúyalas alrededor de las rosas.
Introduzca algunas de las hojas por debajo de los bordes de estas, tal como indican
las líneas discontinuas.

5 A continuación, añada los pétalos de *tweed* rojo a la rosa de color rosa, y los
pétalos de *tweed* rosa, a la rosa de color rojo. También le será de ayuda numerarlos
uno a uno. Ribetee cada figura con unas puntadas rectas (*véase* pág. 20); para ello
utilice hilo de coser a juego.

6 El detalle del pétalo marrón está bordado. Consulte la plantilla en color y pinte
las figuras con un rotulador no permanente. Luego rellénelas con punto satinado
(*véase* pág. 20); para ello emplee un hilo de bordar marrón.

EL *TWEED* ES UNA TELA TEJIDA, POR LO QUE SE SUELE DESHILACHAR
MÁS QUE EL FIELTRO NO TEJIDO. MANIPULE CON CUIDADO LAS FIGURAS
RECORTADAS, SOBRE TODO AL RETIRAR EL PAPEL DE SOPORTE.

Bolsa floreada
con cordón

DIFICULTAD: 1

MATERIAL:

- bolsa con cordón
- entretela
- tela estampada de algodón:
  cuadrado de 25 × 25 cm
- plancha
- hilo de costura a juego con la tela
- un costurero (*véase* pág. 15)

Las bolsas sencillas como esta tienen infinidad
de usos, sobre todo cuando vamos de viaje.
¿Por qué no confecciona una para guardar sus
zapatos favoritos?

1 En la pág. 158 encontrará la silueta invertida de los motivos.
Para que se ajustara al tamaño de mi bolsa, de 28 × 31 cm, aumenté
la plantilla en un 120% y utilicé 17 flores. Puede crear su diseño
personalizado haciendo las flores más pequeñas o más grandes.

2 Planche la entretela por el reverso de la tela de algodón y luego
recorte cada flor por las líneas interiores y exteriores.

3 Retire los papeles de soporte y coloque las flores en la parte
delantera del bolso. Busque una distribución que le satisfaga.
Puede que deba añadir un par de flores más o que deba retirar
una o dos. Adhiéralas en el lugar que corresponda con la plancha
caliente.

4 Para asegurar los bordes, ribetee cada flor con unas puntadas
rectas cortas (*véase* pág. 20). Para ello utilice hilo de coser a juego.

LA DECORACIÓN CON APLIQUES ES UNA SENSACIONAL FORMA DE
RECICLAR TELAS QUE HAN CAÍDO EN EL OLVIDO. PARA ESTE DISEÑO
APROVECHÉ UN RETAL DE UN VESTIDO ESTAMPADO DE FLORES DE
ESTILO *VINTAGE* CON LA IDEA DE ALEGRAR UNA SIMPLE BOLSA LISA.

Ropa

No hay nada más gratificante que retocar una vieja prenda de tal forma que parezca nueva. Un buen truco es teñirla primero. Para empezar, haga una prueba con una vieja camiseta blanca que se haya vuelto un poco gris. Resulta muy divertido ver cómo se transforma cuando está sumergida en el tinte. Después, basta con darle un toque final con un aplique.

SI PERTENECE A ALGÚN CLUB O EQUIPO,
PUEDE CONFECCIONAR UN JUEGO DE JERSÉIS
COMO ESTE PARA TODOS SUS MIEMBROS.

Suéter de universitaria

Puede transformar un jersey con cuello de pico normal y corriente en un suéter de universitaria de estilo *vintage*. Basta con coserle dos coderas y unas letras de fieltro.

1 Escoja sus iniciales de la plantilla invertida que encontrará en la pág. 160; amplíela si es necesario y cálquela sobre la entretela. Recorte las letras de forma aproximada.

2 Coloque las letras, con el lado adhesivo hacia abajo, encima del fieltro. Cúbralas con un paño protector y péguelas con la plancha caliente. Recórtelas de forma precisa.

3 Retire el papel de soporte de cada letra. Extienda el suéter sobre la tabla de planchar y coloque las letras, del derecho, a la derecha de la línea del cuello. Plánchelas en el lugar correspondiente protegiéndolas con un paño.

4 Con un hilo de bordar rojo, ribetee cada letra con unas puntadas rectas (*véase* pág. 20) para asegurar el fieltro y también para decorarlas.

5 Para hacer las plantillas de las coderas, corte un rectángulo de papel de 8 × 15 cm. Dóblelo en cuatro pliegues y luego trace una curva que corte por las esquinas sin doblar. Corte por dicha línea todas las capas y luego despliegue el papel.

6 Dibuje el esquema de la plantilla dos veces sobre el lado del papel de la entretela. Planche el lado adhesivo sobre el reverso de la tela estampada y luego recorte las coderas por los trazos a lápiz.

7 Sin olvidar el paño protector, planche las coderas por el revés de las mangas, asegurándose de que ambas estén a la misma altura. Decore los bordes con punto de festón (*véase* pág. 21); para ello utilice hilo de bordar rosa.

Cath Kidston

DIFICULTAD: 1
MATERIAL:

- suéter turquesa de punto fino
- entretela
- plancha y paño protector
- fieltro: 6 × 12 cm de color rosa
- hilo de bordar rojo y rosa
- hoja de papel
- tela de algodón estampada: 15 × 20 cm
- un costurero (*véase* pág. 15)

ABCDE

PARA COLOCAR LAS CODERAS, GIRE LA MANGA ENTERA
(HASTA LA LÍNEA DE LOS HOMBROS) Y LUEGO PONGA
LA CODERA CENTRADA SOBRE EL PLIEGUE.

Falda
con vaquero

No hace falta ir a un rodeo o a un baile folclórico para lucir esta alegre falda, que sin duda avivará su paso.

1 Aumente en un 115 % las plantillas de la pág. 150. Calque el vaquero y el caballo en la entretela, recórtelos de forma aproximada y péguelos sobre el fieltro de color gris piedra claro. A continuación, recórtelos con precisión, retire el papel y plánchelos sobre la falda, a 15 cm del dobladillo y un poco hacia a un lado. Asegúrese de utilizar siempre un paño protector para planchar fieltro.

2 Ahora confeccione los detalles. Empiece por la camisa, de tela de algodón a cuadros, y por los tejanos. El pelo del vaquero, la crin del caballo, la brida y los cascos son de fieltro marrón turba, y las sombras del cuerpo del caballo, de la silla de montar y del sombrero, de color gris piedra oscuro.

3 Emplee fieltro marrón para confeccionar la pistolera, la cincha de la montura y la bota, y *tweed* rojo para el detalle de la pistolera y el pañuelo. Elija un hilo de coser a juego para ribetear cada pieza con punto recto (*véase* pág. 20) y luego rellene los detalles del rostro con hilo de bordar marrón.

4 Dibuje la nube de polvo y el lazo con rotulador no permanente para tela y repase las líneas con punto de cadeneta (*véase* pág. 21): azul oscuro para el lazo y azul claro para la nube.

5 Añada un cactus a cada lado del vaquero; para ello escoja dos tonos de fieltro verde. Después, con hilo de bordar verde oscuro, haga la hierba a punto de cadeneta.

6 Decore la parte posterior de la falda con otros dos cactus y también con una carreta, que debe confeccionar con fieltro marrón. Para los detalles de esta última, utilice fieltro de color rojo y gris piedra claro.

Cath Kidston

DIFICULTAD: 3

MATERIAL:

- falda roja
- entretela, plancha y paño protector
- fieltro: cuatro cuadrados de 25 cm de lado (gris piedra claro, marrón oscuro, verde claro y verde oscuro) y tres de 10 cm de lado (marrón turba, gris piedra oscuro y rojo)
- tela tejida: retales de tela de algodón a cuadros, tejano y *tweed* rojo
- hilo de costura a juego con las telas
- hilo de bordar de color marrón, azul oscuro, azul claro y verde
- un rotulador no permanente para tela
- un costurero (*véase* pág. 15)

ESCOJA UNA FALDA FRUNCIDA DE ALGODÓN GRUESO QUE TENGA MUCHO VUELO: ¡ASÍ PARECERÁ UNA AUTÉNTICA VAQUERA!

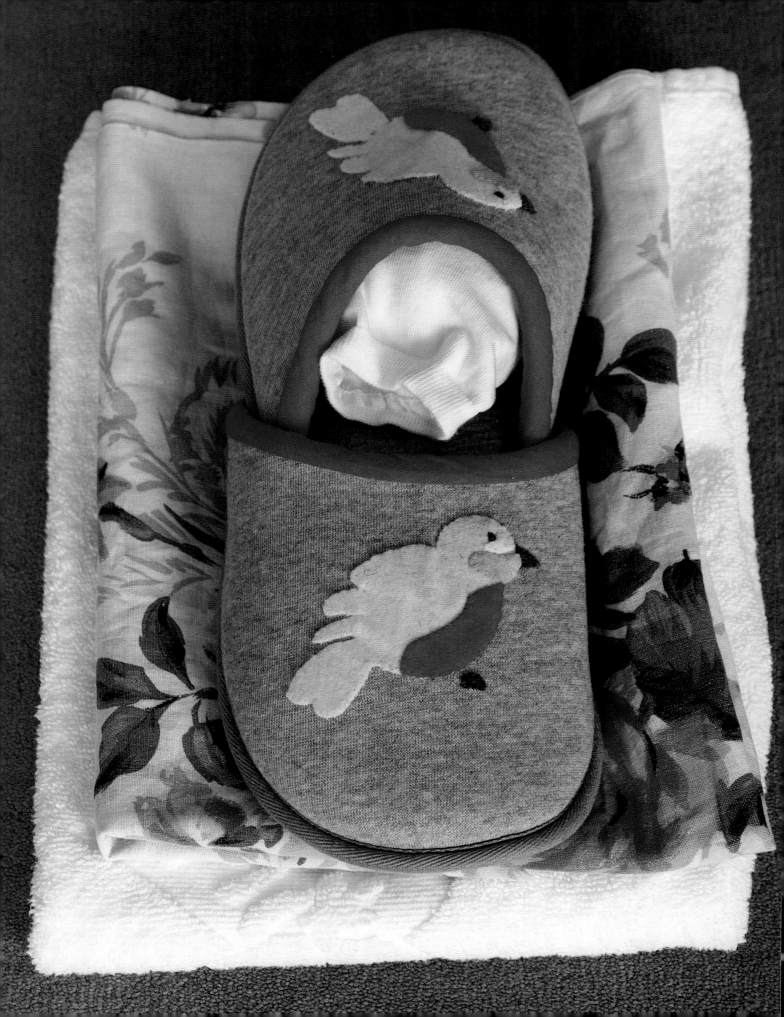

OTRO DISEÑO MUY VÁLIDO SON LOS
PÁJAROS CANTORES EN PLENO VUELO
QUE APARECEN EN LA PÁG. 162,
JUNTO CON ESTE MOTIVO. INCLUSO
PUEDE CAMBIAR LOS COLORES
Y CONVERTIRLOS EN AZULEJOS.

Zapatillas
con pájaro cantor

DIFICULTAD: 2
MATERIAL:

- un par de zapatillas lisas
- entretela
- plancha y paño protector
- fieltro: 10 × 15 cm de color gris
  piedra claro; retales de color rojo,
  marrón oscuro, rosa y blanco
- hilo de costura a juego con los fieltros
- hilo de bordar de color marrón oscuro
- un costurero (*véase* pág. 15)

Con estas zapatillas personalizadas, estará
en casa la mar de cómoda.

1 En la pág. 162 encontrará el motivo del pájaro cantor. Yo lo amplié
en un 200%, ya que necesitaba que tuviera 7 cm de altura para
que se ajustara a estas zapatillas de tela gris. Obviamente, es libre
de agrandarlo o reducirlo un poco.

2 Calque sobre la entretela toda la silueta del pájaro. Recórtela
de forma aproximada, péguela (no olvide el paño protector) sobre
el fieltro de color gris piedra claro y corte por el trazo a lápiz.

3 Ahora recorte el pecho rojo, el pico marrón oscuro y los detalles
de la cabeza de color rosa y blanco. Retire los papeles de estas
cuatro piezas y plánchelas con cuidado sobre la figura principal
del pájaro, cubriéndolas también con un paño. Quite el soporte del
pájaro y sujételo con alfileres justo en el centro de la zapatilla
izquierda.

4 Ribetee cada pieza con unas puntadas rectas (*véase* pág. 20);
para ello utilice un hilo de coser a juego. Añada un diminuto trozo
de fieltro marrón para la pata y haga unas cuantas puntadas
con hilo de bordar marrón oscuro para representar el ojo.

5 Decore la zapatilla derecha siguiendo el mismo procedimiento.
Tenga la precaución de invertir la plantilla de modo que los dos
pájaros se miren el uno al otro.

SI LE RESULTA DIFÍCIL SUJETAR EL FIELTRO CON ALFILERES EN LA
TELA DE LA ZAPATILLA, PRUEBE A APLICAR UN POCO DE PEGAMENTO
EN BARRA PARA QUE LAS PIEZAS NO SE MUEVAN MIENTRAS COSE.

SI NO ENCUENTRA UNA BUFANDA
O UN ECHARPE DEL COLOR ADECUADO
PARA ESTA MANUALIDAD, PUEDE
COMPRAR UNA TELA DE PUNTO
O LANA DE 40 CM DE LARGO.

Bufanda
con piloto

Cath Kidston

DIFICULTAD: 2
MATERIAL:

- bufanda de color rosa fresa
- entretela
- plancha y paño protector
- *tweed* ligero: cuadrado marrón
  de 20 × 20 cm; cuadrado rojo de
  10 × 10 cm
- fieltro: retales de color beis, beis claro
  y marrón oscuro
- rotulador no permanente para tela
- hilo de coser a juego con las telas
- hilo de bordar de color marrón
- 4 botones marrones para las ruedas
- un costurero (*véase* pág. 15)

¿Todo a punto para la carrera? Un, dos, tres... ¡ya!

1 Calque sobre la entretela todos los elementos que componen el coche de carreras situado en la parte superior de la pág. 146. Dibuje la cabeza y los hombros del piloto en una sola pieza siguiendo la línea discontinua, y luego el casco y la chaqueta por separado. Recorte las piezas, dejando 5 mm desde los contornos.

2 Pegue al *tweed* marrón las dos partes del coche por el lado adhesivo. Luego corte siguiendo el borde. Recuerde que debe cortar la pequeña rendija que divide el capó.

3 Ahora corte el casco, la chaqueta y las ruedas de *tweed* rojo, y confeccione la rejilla de ventilación lateral, los cubos y el óvalo de fieltro beis. La piel del piloto es de fieltro de color beis claro, y sus gafas, el volante y el asiento, de fieltro marrón. No olvide proteger el fieltro con un paño para plancharlo.

4 Retire los papeles de soporte. Centre las dos partes del coche en un extremo de la bufanda, a 13 cm del dobladillo. Plánchelas y luego añada las ruedas y los cubos. Pegue el piloto en el lugar apropiado y añádale las gafas, el casco y la chaqueta. Por último, adhiera el asiento, la rejilla de ventilación y el óvalo.

5 Ribetee cada forma con unas puntadas rectas (*véase* pág. 20); para ello emplee hilo de coser a juego.

6 Dibuje un número sobre el óvalo con un rotulador no permanente y rellénelo con punto recto utilizando hilo de bordar marrón. Finalmente, cosa un botón en el centro de cada cubo.

7 Decore el otro extremo de la bufanda siguiendo el mismo procedimiento para el segundo coche de carreras. Invierta la plantilla de forma que vaya en sentido contrario.

SI LOS DETALLES EN FIELTRO MARRÓN LE RESULTAN DEMASIADO COMPLICADOS, OTRA POSIBILIDAD ES BORDARLOS CON PUNTO SATINADO (*VÉASE* PÁG. 20).

Camiseta estrellada

Cath Kidston

DIFICULTAD: 1
MATERIAL:

- camiseta de algodón lavada
  y planchada
- entretela
- plancha
- tela de algodón tejida: retales de
  colores lisos, lavados y planchados
- hilo trenzado o un surtido de carretes
  de hilo de coser
- un costurero (*véase* pág. 15)

¡Con esta desenfadada camiseta será
una auténtica estrella!

1 En la pág. 154 encontrará las plantillas de las estrellas. Calque
sobre la cara de papel de la entretela 60 estrellas de diferentes
tamaños. Recorte cada una de ellas de forma aproximada.

2 Recopile todas las telas y planche las estrellas, por el lado
adhesivo, sobre una selección de piezas de sus colores favoritos.
Recórtelas todas siguiendo con exactitud el trazo a lápiz.

3 Extienda la parte superior de la camiseta sobre la tabla de
planchar y coloque las estrellas por las mangas y alrededor
de la línea del cuello. Reserve unas 16 para la parte posterior de
las mangas. Cámbielas de sitio tantas veces como desee hasta
obtener una distribución equilibrada en cuanto a tamaño y color.

4 Una a una, planche las estrellas en el lugar elegido, empezando
por la parte inferior del diseño. Retire el papel de soporte de cada
una y haga presión sobre ellas con la punta de la plancha. Decore
la parte posterior de las mangas siguiendo el mismo procedimiento.

5 Añada todavía más color a las relucientes estrellas asegurándolas
con un hilo de coser de un color que contraste. Ribetee cada
estrella con unas puntadas rectas cortas, procurando que queden
en perpendicular a las estrellas (*véase* pág. 20).

CUANTAS MÁS TELAS REÚNA, MEJOR SERÁ EL RESULTADO, PERO
PROCURE QUE TODAS SEAN DE LA MISMA GAMA DE TONALIDADES.

ESTE DISEÑO EN ROJO Y BLANCO
LE VA A QUEDAR REDONDO,
PERO PUEDE LOGRAR UNO MÁS
ARRIESGADO COMBINANDO RETALES
SUELTOS DE FIELTRO DE DIFERENTES
COLORES.

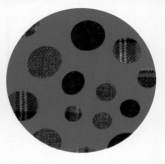

Boina
de topos

Cath Kidston

DIFICULTAD: 1
MATERIAL:

- boina roja
- entretela
- plancha y paño protector
- fieltro: 15 × 30 cm, color blanco
- hilo de bordar blanco
- un costurero (*véase* pág. 15)

Saque el duende que lleva dentro luciendo esta divertidísima boina de topos.

1 Sobre el lado de papel de la entretela, calque 14 veces el topo de mayor tamaño de la pág. 156. Recorte cada círculo de forma aproximada, dejando unos 5 mm desde el borde.

2 Pegue los círculos en el fieltro blanco por el lado adhesivo. Antes de hacerlo deberá cubrir la tela con un paño para que el calor de la plancha no estropee el fieltro. Recorte con cuidado cada círculo, siguiendo minuciosamente el trazo a lápiz.

3 Retire los papeles de soporte de los círculos. Distribuyéndolos de un modo uniforme, coloque cinco alrededor del rabillo de la boina. Con la plancha caliente presione sobre ellos después de cubrirlos con el paño, para que se fijen bien.

4 Coloque el resto de círculos formando un segundo anillo por el exterior del primero. Plánchelos siguiendo el procedimiento anterior.

5 Asegure cada topo en el lugar deseado con un círculo de puntadas rectas (*véase* pág. 20). Para ello emplee hilo de bordar blanco y una aguja de ojo largo con la que pueda atravesar fácilmente el grueso tejido de lana.

NO TIENE POR QUÉ UTILIZAR TOPOS, CLARO. QUIZÁ LE GUSTEN MÁS LAS ESTRELLAS, LAS FLORES O INCLUSO... ¡PEQUEÑOS HUESOS DE PERRO!

ESTE DISEÑO RESALTARÁ MÁS
SOBRE UNA CAMISETA AZUL
MARINO. ¿SE ATREVE?

Ropa
marinera

Cath Kidston

DIFICULTAD: 1

MATERIAL:

- camiseta de algodón lavada
  y planchada
- entretela
- plancha y paño protector
- fieltro: 10 × 25 cm (blanco);
  6 × 25 cm (azul); cuadrado de 10 cm
  rojo; 3 × 10 cm (amarillo); retales
  de color verde y marrón
- hilo de coser a juego con las telas
- rotulador no permanente para tela
  azul, marrón y rojo
- hilo de bordar blanco
- un costurero (*véase* pág. 15)

Dese un chapuzón en mar abierto con esta
camiseta marinera tan jovial. ¡Es perfecta
para unas vacaciones en la playa!

1 Empiece por calcar la nube de la pág. 152 sobre el lado del
papel de la entretela. Recórtela de forma aproximada y planche
el adhesivo sobre el fieltro blanco. Use siempre un paño para
proteger el fieltro. Corte la figura con precisión, retire el papel
y planche el fieltro sobre la camiseta. Con hilo blanco, ribetee
la nube con unas puntadas rectas cortas (*véase* pág. 20).

2 Calque todas las olas sobre la entretela, recórtelas de forma
aproximada alrededor del borde exterior y luego péguelas
sobre el fieltro azul. Recorte la ola de la parte superior, que
es la más larga, retire el soporte y plánchela justo debajo
del horizonte. Añada las otras olas, una a una, y asegúrelas
con hilo azul.

3 A continuación, recorte las velas de fieltro rojo y amarillo.
Plánchelas en el lugar adecuado y añada las rayas blancas.
Cósalas con punto recto; para ello utilice hilo de coser del
mismo color.

4 Recorte y planche los tres diminutos gallardetes de los
pequeños veleros y, por último, recorte los cuatro cascos de
fieltro del color que corresponda. Asegúrelos con puntadas
rectas con un hilo de coser del mismo color.

5 Confeccione los detalles con hilo de bordar. Cosa con punto
de cadeneta azul (*véase* pág. 21) el borde superior de las
nubes, trabajando directamente sobre la camiseta; para ello
siga la línea azul que figura en la plantilla a color.

6 Con un rotulador no permanente, dibuje los otros detalles:
los mástiles, las gaviotas y el gallardete del velero más grande.
Con hilo de bordar, cosa unas puntadas rectas sobre estas
líneas: con hilo marrón los mástiles y las gaviotas, y con rojo
el gallardete.

ES ESENCIAL PROTEGER EL FIELTRO CON UN PAÑO ANTES
DE PLANCHARLO: ASÍ EVITARÁ QUE EL DISEÑO SE ESTROPEE
CON EL CALOR.

Para niños

Esta preciosa sábana con apliques infantiles es una auténtica joya. Si no tiene suficiente paciencia para confeccionar una pieza tan grande, haga una prueba en una pequeña bolsa o una sudadera. ¡Ojalá mi madre hubiera renovado con tanta gracia mi enorme armario de ropa usada, que heredaba de mi hermana mayor!

Vestido floreado

Cath Kidston

DIFICULTAD: 3
MATERIAL:

- vestido túnica liso
- entretela fina termoadhesiva
  y no tejida
- rotulador no permanente para tela
- plancha y paño protector
- hilo de bordar lila, naranja claro,
  marrón, gris piedra, rosa, rojo,
  verde y turquesa
- un costurero (*véase* pág. 15)

Este vestido tan lindo nunca pasará de moda,
y la niña que lo lleve parecerá una adorable
muñequita.

1 El bordado floral puede parecer sencillo a simple vista.
Lea las instrucciones paso a paso de las págs. 22 y 23
para saber cómo se debe hacer y luego vaya a la pág. 168
del capítulo de las plantillas.

2 Con un rotulador no permanente, calque dos flores grandes
y dos pequeñas en la cara lisa de la entretela termoadhesiva,
sin tener en cuenta las líneas discontinuas. También necesitará
ocho hojas grandes y cuatro pequeñas. Recorte todos los motivos
alrededor del borde exterior.

3 Coloque las figuras en las esquinas del canesú del vestido.
Puede reproducir el diseño de la fotografía de la izquierda
o adaptarlo a su propio vestido. Plánchelas en el lugar que
corresponda, y no se olvide de cubrir la tela con el paño protector.

4 Borde todas las flores con punto satinado (*véase* pág. 20).
Rellene las zonas de cada figura con puntadas satinadas según
los colores usados en la pág. anterior. Tenga la precaución
de dirigir las puntadas hacia el centro de las flores.

LOS DETALLES MINUCIOSOS IMPRIMEN CARÁCTER A LA PRENDA. LOS
OJALES ESTÁN RIBETEADOS CON HILO VERDE, Y UNOS PECULIARES
BOTONES DE REPUESTO COMPLETAN EL BORDADO.

Chaqueta
tejana con vaquero

Aventúrese en el Lejano Oeste con una chaqueta vaquera hecha a su gusto. ¡Yiiiija!

1 Calque sobre la entretela el vaquero que encontrará en la pág. 150. Recórtelo de forma aproximada, plánchelo sobre el fieltro de color gris piedra claro y luego corte por el trazo a lápiz. Retire el soporte y planche el motivo en el centro de la parte posterior de la chaqueta. Use siempre un paño protector para planchar el fieltro.

2 Confeccione con fieltro rojo la camisa del vaquero y con fieltro azul su pierna, tal como muestra la imagen superior. Luego adhiéralas sobre el motivo principal.

3 Con el fieltro de color gris piedra oscuro, cree las sombras del caballo, la montura, la bufanda y el sombrero. La bota, la crin, la brida, la pistola y los detalles de la cincha son de fieltro marrón. Por último, haga la funda de la pistola con fieltro rojo.

4 Asegure cada pieza del aplique ya terminado con una serie de puntadas rectas cortas, que deben quedar en perpendicular al borde (*véase* pág. 20). Para ello deberá emplear las seis hebras de la madeja de hilo de bordar.

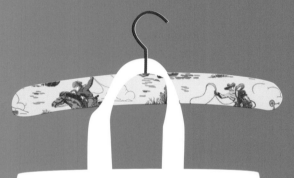

Cath Kidston

DIFICULTAD: 3
MATERIAL:

- chaqueta tejana
- entretela
- plancha y paño protector
- fieltro: un cuadrado de 20 × 20 cm color gris piedra claro; seis cuadrados de 10 × 10 cm (rojo, azul, gris piedra oscuro, marrón, verde claro y verde oscuro)
- hilo de bordar a juego con los fieltros
- tiza de sastre
- un costurero (*véase* pág. 15)

5 Con hilo marrón, borde con punto recto los detalles del sombrero y el pelo del vaquero. Haga dos puntadas rectas minúsculas a modo de ojos, y pares de puntadas para representar el ojo y la ventana de la nariz del caballo.

6 Con una tiza de sastre, dibuje la nube de polvo, la hierba y el lazo. Borde las líneas: para la nube, emplee un hilo azul y el punto atrás; para la hierba, utilice un hilo verde y el punto recto, y para el lazo, un hilo de color gris piedra claro y el punto de cadeneta (*véase* pág. 21).

7 Para el cactus del bolsillo, confeccione la figura principal de fieltro verde claro, y la sombra, de verde oscuro. Ribetee ambas capas con puntadas rectas con hilo del mismo color, y luego borde las flores con hilo rojo, y la hierba, con hilo verde.

ESTA CHAQUETA ES PARA UN NIÑO MUY PEQUEÑO. SI QUIERE HACER
UNA PARA UN NIÑO MAYOR DE TRES AÑOS, DEBE AMPLIAR LA PLANTILLA
DE MODO QUE OCUPE TODA LA HOJA.

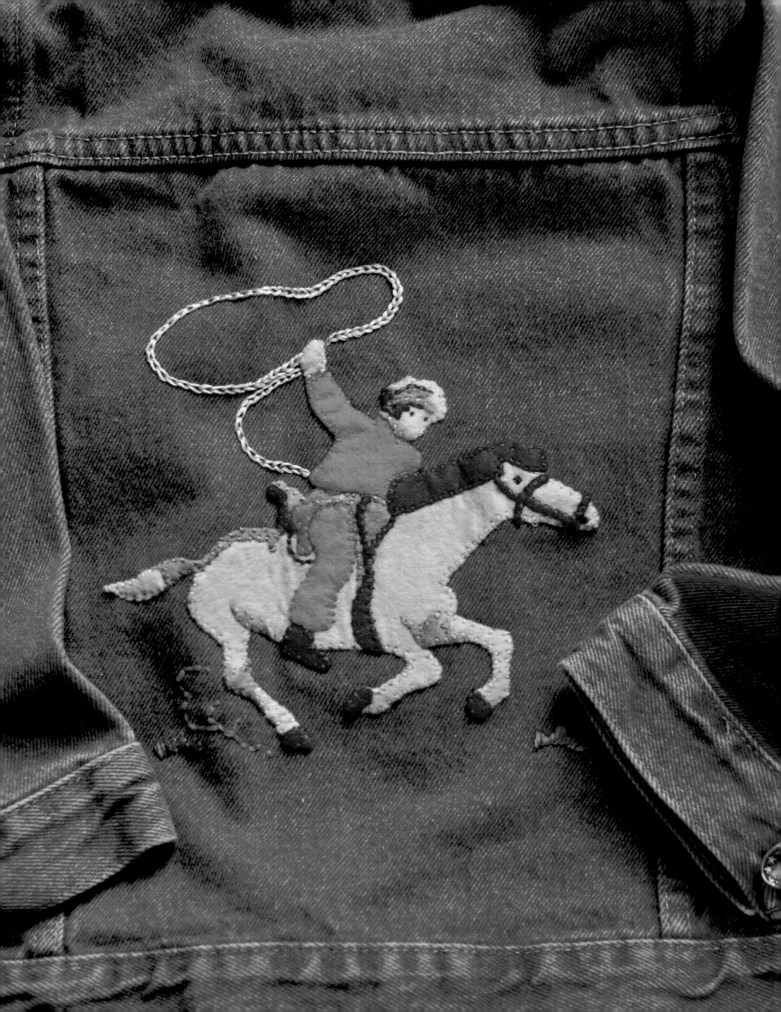

SI LA SUDADERA ES UN REGALO
DE CUMPLEAÑOS, EN EL ÓVALO DE
FIELTRO DEL COCHE PUEDE PONER
LA EDAD DEL NIÑO.

Sudadera con coche
de carreras

Cath Kidston

DIFICULTAD: 2

MATERIAL:

- sudadera gris de algodón
- entretela
- plancha y paño protector
- fieltro: rectángulo verde 20 × 10 cm;
  cuadrado rojo 15 × 15 cm;
  dos cuadrados 10 × 10 cm, uno
  marrón y otro gris piedra oscuro
- hilo de coser que combine con
  los fieltros
- hilo de bordar gris piedra claro,
  marrón y azul
- rotulador no permanente para tela
- un costurero (*véase* pág. 15)

A su pequeño torbellino le hará una gran ilusión ponerse
esta sudadera... ¡aunque todavía conduzca un triciclo!

1 En la pág. 146 encontrará las plantillas invertidas. Calque sobre la entretela todas
las piezas que forman el conductor y su coche, los dos árboles, el seto, la hierba
y la valla. Luego añada otro árbol. Corte las piezas de forma aproximada.

2 Planche la entretela sobre los diferentes fieltros: el coche, la chaqueta, el casco
y la valla, en el rojo; las ruedas, el asiento, el volante, las gafas y los troncos, en el
marrón; el óvalo, la rejilla de ventilación y los cubos, en el gris piedra; los árboles,
el seto y la mata de hierba, en el verde. Cubra siempre el fieltro con un paño para
plancharlo. Recorte los motivos con precisión y retire los soportes de papel a medida
que necesite las piezas.

3 Extienda la sudadera sobre la tabla de planchar. Coloque el coche en medio del pecho.
Introduzca un tronco de árbol bajo el maletero y pegue las piezas donde corresponda.

4 Añada las ruedas y el conductor. Luego pegue el casco, las gafas y la chaqueta,
y a continuación, el volante, el asiento trasero, la rejilla de ventilación y el óvalo.
Finalmente, adhiera los cubos.

5 Para terminar la composición, coloque los motivos campestres a un lado y a otro,
tal como están en el dibujo: dos árboles y la hierba a la derecha, y el seto, la valla
y un tercer árbol, a la izquierda. Introduzca los troncos bajo los árboles y coloque
la valla por encima del seto.

6 Con hilo de coser a juego, fije cada figura de fieltro con unas puntadas rectas cortas
(*véase* pág. 20). Dibuje los detalles con un rotulador no permanente y, con hilo de
bordar de color gris piedra claro y marrón, rellene las ruedas y el número utilizando
el punto atrás (*véase* pág. 21). Luego borde de azul la rejilla de ventilación con punto
recto, y de gris piedra claro el parabrisas, pero con punto satinado (*véase* pág. 21).

LOS ÁRBOLES Y OTROS MOTIVOS CAMPESTRES SE HAN CAMBIADO
DE SITIO PARA ADECUARSE AL DISEÑO. ES IMPORTANTE COLOCARLOS
PRIMERO PARA PLANTEAR LA COMPOSICIÓN.

Cárdigan
clásico

Transforme una sencilla prenda en un recuerdo
que pasará de generación en generación.

Cath Kidston

DIFICULTAD: 3
MATERIAL:

- un cárdigan de punto fino de color
  crema
- entretela fina termoadhesiva
  y no tejida
- rotulador no permanente para tela
- plancha y paño protector
- hilo de bordar rosa, rojo, blanco roto
  y verde
- un costurero (*véase* pág. 15)

1 Fotocopie los motivos de las flores de la pág. 162, aumentando
su tamaño en un 115%. Haga una segunda copia ampliada,
que es una imagen reflejo de la primera. Con un rotulador no
permanente, calque una rosa grande y tres rosas pequeñas, junto
con tres capullos, de cada hoja sobre la cara fina (no adhesiva)
de la entretela fusible.

2 Recorte todas las flores y dispóngalas de forma simétrica a ambos
lados del escote. Péguelas en el lugar adecuado con el calor de
la plancha, protegiendo el cárdigan con un paño limpio.

3 En la pág. 23 encontrará instrucciones paso a paso sobre cómo
bordar sobre una entretela fina termoadhesiva y no tejida. Léalas
con atención y luego rellene las rosas y los capullos con punto
satinado (*véase* pág. 20); para hacerlo emplee hilo rosa, rojo
y blanco roto. Añada varias puntadas con hilo verde en el centro
de cada rosa.

4 Borde las hojas con punto satinado, dirigiendo las puntadas
hacia la nervadura central. Por último, haga los tallos con punto
atrás (*véase* pág. 21).

ESTA PROPUESTA ES PARA EXPERTOS, PERO SI ES UN PRINCIPIANTE
Y DESEA HACERLA, AUMENTE EL TAMAÑO DE LAS ROSAS EN UN 200%:
ASÍ BORDARÁ PIEZAS MÁS GRANDES.

Cojín con alfabeto

Cath Kidston

DIFICULTAD: 3

MATERIAL:

- una funda de cojín de 45 cm color crema
- entretela
- plancha y paño protector
- fieltro: telas de 10 × 30 cm, rosa claro, rosa fuerte, azul medio, azul claro, verde, amarillo y marrón
- periódicos viejos y paño de cocina
- rotulador no permanente para tela
- hilo de bordar a juego con los fieltros
- un costurero (*véase* pág. 15)

Esta manualidad, que es casi tan fácil como aprender el abecedario, será un complemento ideal para la habitación de los niños.

1 Amplíe en un 250% las letras invertidas de la pág. 160 de forma que tengan 7,5 cm de alto. Cálquelas todas, excepto la D, la H, la S, la U y la V, sobre la cara de papel de la entretela y recórtelas dejando 5 mm desde el borde.

2 Planche las letras sobre las diferentes piezas de fieltro y luego recórtelas con precisión. Proteja siempre el fieltro con un paño limpio para plancharlo. Recorte el resto de las letras de la fotocopia y póngalas del derecho.

3 Extienda los periódicos sobre la superficie de trabajo y cúbralos con el paño de cocina para crear una tabla de planchar improvisada. Ponga la funda de cojín sobre el paño de cocina.

4 Retire el papel de las letras de fieltro y coloque las letras y las figuras de papel encima de la funda, tomando como modelo la fotografía de la pág. anterior. Sujete con alfileres las letras de papel y planche las letras de fieltro en el lugar correspondiente, cubriéndolas con un paño limpio.

5 Trace el contorno de cada letra de papel con un rotulador no permanente y luego quite los alfileres. Borde los trazos con punto de cadeneta (*véase* pág. 21). A continuación, ribetee cada letra de fieltro con punto de festón (*véase* pág. 21); para ello use un hilo de un color muy distinto.

PUEDE USAR LA FOTOGRAFÍA COMO PAUTA PARA SELECCIONAR LOS COLORES DE LAS LETRAS DE FIELTRO Y SUS RIBETES BORDADOS O BIEN ELEGIR SU PROPIA COMBINACIÓN DE COLORES.

Babero estrellado

Este babero estrellado tan alegre dará un toque de sofisticación a la comida más informal.

1 En la pág. 154 encontrará las plantillas de las estrellas. Utilice un lápiz afilado para calcarlas sobre el lado del papel de la entretela y luego añada tres estrellas más. Debe tener 22 en total. Recórtelas todas de forma aproximada.

2 Siguiendo las instrucciones del fabricante, planche cinco o seis estrellas sobre cada una de las telas de algodón. Recórtelas con precisión por las líneas hechas con el lápiz.

3 Extienda el babero sobre la tabla de planchar. Retire los papeles de soporte de las estrellas y colóquelas sobre el babero tomando como referencia la fotografía de la página siguiente. Péguelas en el lugar adecuado con la plancha fría.

4 Ribetee las estrellas con puntadas rectas (*véase* pág. 20). Para ello utilice un hilo de costura a juego.

Cath Kidston

DIFICULTAD: 1

MATERIAL:

- babero de toalla blanco
- entretela
- plancha
- tela lisa de algodón: 4 cuadrados de 10 × 10 cm, verde, rosa, amarillo y azul
- hilo de coser a juego con las telas
- un costurero (*véase* pág. 15)

LOS BABEROS SE DEBEN LAVAR MUY A MENUDO. SI ES NECESARIO, PONGA EL BABERO EN REMOJO CON UN QUITAMANCHAS SUAVE ANTES DE LAVARLO EN LA LAVADORA CON UN PROGRAMA FRÍO.

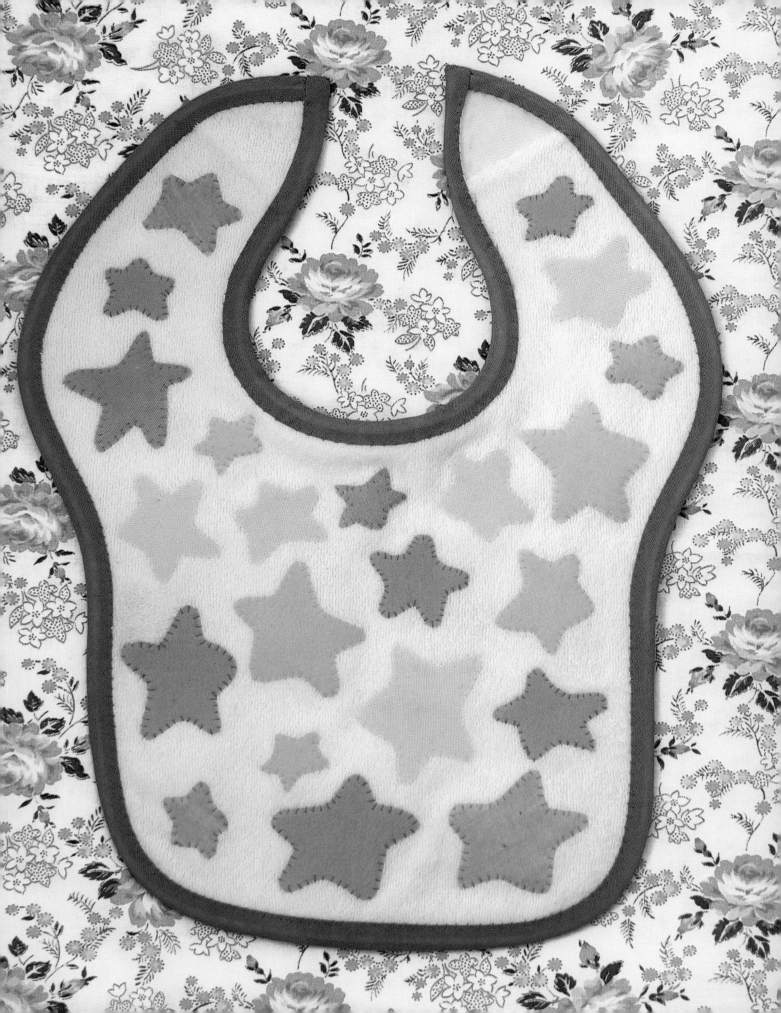

Bolsito

Cath Kidston

DIFICULTAD: 2

MATERIAL:

- pequeño bolso de *tweed*
- entretela
- plancha y paño protector
- tela lisa de algodón: 15 × 20 cm de tela roja a topos; 10 × 15 cm de tela verde a topos; 10 × 25 cm de tela floreada
- fieltro: retal marrón
- hilo de costura a juego con las telas
- un costurero (*véase* pág. 15)

Este diminuto bolso tan especial, ideal para guardar tesoros, hará las delicias de las más pequeñas.

1 Amplíe la plantilla del cesto de flores que encontrará en la pág. 166 de modo que se ajuste a las proporciones de su cesto. Yo personalmente la amplié en un 230% para mi bolso de 24 cm^2.

2 Con un lápiz afilado, calque el cesto, el asa, las flores y sus centros sobre el lado del papel de la entretela. Recorte las figuras de forma aproximada.

3 Planche las piezas de entretela sobre el reverso de las telas: el cesto y el asa van en la tela roja de algodón a topos, y las flores, en la tela estampada de flores. Pegue los centros de estas últimas en el fieltro, que debe proteger con un paño limpio.

4 Recorte todas las formas y después retire con cuidado los papeles de soporte. Coloque el cesto cerca del borde inferior del bolso y, a continuación, ponga el asa encima de él, dejando una pequeña separación entre las dos piezas.

5 Disponga las tres flores de modo que rellenen las zonas que indican las líneas discontinuas. Ponga las hojas en el lugar apropiado, escondiéndolas bajo las flores en los puntos donde muestra la fotografía y, finalmente, añada los centros de las flores. Planche el diseño terminado en la bolsa, cubriendo el fondo con un paño limpio.

6 Tomando como referencia el esquema de la pág. 165, cosa cada aplique en la bolsa con una serie de puntadas rectas (*véase* pág. 20); para ello escoja un hilo de coser del mismo color.

ESTE MOTIVO DE ESTILO POPULAR TAMBIÉN SE PUEDE COLOCAR EN LA PARTE ANTERIOR DE UNA CAMISETA O, INCLUSO, EN UN DELANTAL DE ALGODÓN PARA APRENDICES DE CHEF.

Manta con coches de carreras

Esta manta ribeteada con una cenefa de coches antiguos le hará soñar con fantásticas historias de grandes pilotos y competiciones.

DIFICULTAD: 2

MATERIAL:

- manta azul para cama individual
- entretela
- plancha y paño protector
- fieltro: unos cuantos retales de diferentes colores (rojo, gris piedra, marrón, verde y azul)
- hilo de costura a juego con los fieltros
- hilo de bordar de color gris piedra, marrón y azul
- un costurero (*véase* pág. 15)

1 Los motivos de los coches de carreras están en la pág. 146. Verá que las siluetas circulan en la misma dirección. Con un lápiz, calque todos los elementos del coche de arriba sobre la entretela y córtelos de forma aproximada.

2 Empiece por el coche rojo. Planche la entretela en el fieltro: utilice el rojo para el coche, el casco y la chaqueta; el marrón para las ruedas, el volante y las gafas, y el gris piedra para el conductor, el parabrisas, el óvalo, la rejilla de ventilación y los cubos. Proteja el fieltro con un paño limpio para plancharlo. Corte con cuidado por la línea hecha con lápiz.

3 Retire los soportes de papel y planche las dos partes del coche en el centro de la manta, a 2 cm del borde de satén. Añada el conductor y, a continuación, su chaqueta, gafas y casco. Adhiéralos sobre los otros elementos.

4 Tome un hilo de costura que combine con las diferentes figuras y asegúrelas con puntadas rectas (*véase* pág. 20). Los detalles están confeccionados con hilo de bordar; utilice un hilo de color gris piedra y marrón para bordar con punto atrás (*véase* pág. 21) las ruedas y el número, y uno azul para bordar con punto recto la rejilla de ventilación.

5 Ahora adhiera un aplique de coche azul a cada lado del primero, dejando entre 8 y 10 cm de separación entre ellos. Además del detalle del capó, que es distinto para estos coches, y de que no tienen rejilla, el procedimiento es el mismo. Añada dos coches rojos más en las esquinas, dejando más o menos la misma distancia entre ellos.

6 Rellene los espacios entre los coches con árboles, arbustos, vallas y matas de hierba. Fíjese en la fotografía para hacerse una idea de cómo debe colocarlos.

EN UNA MANTA DE 150 CM DE ANCHO CABEN PERFECTAMENTE CINCO COCHES. TOME LAS MEDIDAS DE SU MANTA PARA CALCULAR CUÁNTOS MOTIVOS SON NECESARIOS Y CUÁNTO ESPACIO PUEDE DEJAR ENTRE ELLOS.

Regalos

No hay nada más enternecedor que un regalo hecho en casa con mucho cariño y a conciencia. En este capítulo encontrará algunas ideas que le pueden ser útiles, y muchas de las propuestas son muy rápidas de hacer. ¡Es solo cuestión de decidirse!

SI LE GUSTA ESTA MANUALIDAD, ¿POR QUÉ NO CREA UN CUADRO PARECIDO CON ALGÚN DISEÑO ANTERIOR, COMO LA CASA DE CAMPO O LOS PÁJAROS CANTORES?

Cuadro de veleros

Cath Kidston

DIFICULTAD: 3

MATERIAL:

- un marco viejo
- lino: una pieza 3 cm más grande por los cuatro lados que la abertura del marco
- entretela
- plancha y paño protector
- fieltro: 10 × 25 cm blanco; 20 × 25 cm azul; 20 × 20 cm rojo; 5 × 15 cm amarillo; retales de verde y marrón
- hilo de bordar a juego con los fieltros
- rotulador no permanente para tela
- un costurero (*véase* pág. 15)

Una marina siempre queda de maravilla en el hogar. Estos veleros podrían decorar con acierto su cocina, su dormitorio o su salón.

1 Amplíe el esquema invertido del velero que encontrará en la pág. 152 para que se ajuste al marco. Haga un par de copias de diferentes tamaños y elija la que le guste más.

2 Empiece por calcar las olas en la entretela. Plánchelas sobre el fieltro azul y recórtelas. Proteja siempre el fieltro con un paño limpio para plancharlo. Retire el papel de la ola situada en el extremo superior y colóquela a una altura de modo que el cielo ocupe dos tercios del marco. A continuación, añada el resto de las olas.

3 Ahora recorte las velas de las piezas de fieltro rojo y amarillo. Plánchelas en el lugar adecuado y añada las tiras blancas y los gallardetes. Por último, confeccione los cascos con el fieltro del color apropiado.

4 Ribetee cada forma con unas puntadas rectas (*véase* pág. 20); para ello emplee hilo de bordar del mismo color. Para confeccionar las velas más pequeñas, rellene cada tira blanca a lo ancho (no en sentido longitudinal).

5 Borde el resto de detalles. Con un rotulador no permanente, dibuje el perfil de las nubes (fíjese en la plantilla coloreada para comprobar la longitud de la línea) y cósalo con punto de cadeneta (*véase* pág. 21); para ello elija un hilo azul. Rellene las gaviotas, los mástiles y las cuerdas con puntadas rectas de color marrón.

HASTA EL MARCO MÁS ESTROPEADO PUEDE PARECER NUEVO CON UNA SIMPLE MANO DE PINTURA. LÍJELO UN POCO Y APLIQUE DOS O TRES CAPAS DE PINTURA PARA REJUVENECERLO.

Cojín
para perros

Cath Kidston

DIFICULTAD: 1
MATERIAL:

- un cojín para perros
- entretela
- plancha y paño protector
- fieltro: dos piezas de 15 × 25 cm, una marrón y otra turquesa; 10 × 15 cm de color blanco; un cuadrado de 20 × 20 cm de color rojo
- lino: 10 × 25 cm de color hueso
- hilo de costura a juego con las telas
- un costurero (*véase* pág. 15)

A su mascota también le gusta que le hagan regalos. Decore este cómodo cojín con los objetos favoritos de su mejor amigo: una pelota, un comedero y un hueso.

1 Aumente en un 300% las siluetas de los tres accesorios que encontrará en la pág. 148 de modo que su tamaño se ajuste al cojín.

2 Calque el comedero, el detalle del óvalo y los 13 topos en el lado del papel de la entretela. Recorte las piezas y plánchelas sobre el fieltro: el comedero, sobre el fieltro azul; el detalle del óvalo, sobre el marrón, y los topos, sobre el blanco. No olvide colocar un paño limpio sobre el fieltro. Ahora ya puede recortar los motivos con precisión.

3 Quite los soportes de los óvalos y los topos, y luego adhiéralos en el comedero, tomando como referencia la plantilla en color de la pág. 147.

4 Retire el papel del comedero y asegure los topos y el óvalo con unas puntadas rectas cortas (*véase* pág. 20); para ello elija un hilo de costura a juego. Sujete con alfileres el comedero, que debe colocar ladeado, en una esquina del cojín, y cósalo con punto recto.

5 Corte el hueso de lino y los detalles de la sombra de fieltro marrón. Retire el papel de las sombras y plánchelas sobre el hueso. Ahora retire el papel del hueso, sujételo con alfileres a la derecha del comedero y asegúrelo con hilo de costura de color crema.

6 Confeccione la pelota con fieltro rojo, y los detalles de las curvas, con fieltro marrón. Retire los soportes de las curvas y péguelos en la pelota. A continuación, retire el papel de la pelota. Para hacer las curvas, utilice un hilo marrón y el punto recto. Añada la pelota al cojín, a la izquierda del comedero.

USE DOS VUELTAS DE HILO PARA COSER LOS MOTIVOS EN EL
COJÍN. DEBERÁ HACER FUERZA (Y QUIZÁ NECESITARÁ UN DEDAL)
PARA PERFORAR CON LA AGUJA ESTE GRUESO TEJIDO.

Tarjetas
de felicitación

DIFICULTAD: 1

MATERIAL:

- varias tarjetas de felicitación en blanco u hojas de cartulina
- entretela
- plancha y paño protector
- tela: una selección de retales
- pegamento en barra
- papel de calco
- papeles de diferentes dibujos y texturas

Una tarjeta que usted ha creado significa mucho más que una comprada. Obsequie a su familia y amigos con una manualidad de lo más original.

1 Para crear un diseño con tela, calque los motivos invertidos sobre la entretela, plánchelos en el reverso de la ropa y recórtelos como si fueran apliques de tela. Proteja el fieltro con un paño limpio para plancharlo.

2 Retire los papeles de soporte y adhiera los motivos a la tarjeta con pegamento en barra (si los planchara, la tarjeta se estropearía con el calor).

3 Para hacer un diseño con papel, como esta colorida maceta, utilice una vieja técnica de calco: dibuje la plantilla invertida sobre el papel de calco; una vez terminado el dibujo, gire el papel y pase el lápiz, colocándolo ligeramente en horizontal, sobre las líneas.

4 Para trasladar cada figura al reverso del papel decorativo, repase las líneas que antes ha trazado con lápiz. Consulte en las págs. 18 y 19 las instrucciones sobre cómo realizar apliques para saber en qué orden se montan los diseños de múltiples capas. En la pág. 175 encontrará el dibujo de la maceta.

ANÍMESE A COLECCIONAR TODO TIPO DE OBJETOS EN APARIENCIA SIN INTERÉS: BONITAS POSTALES, DIAMANTES DE IMITACIÓN, PAPEL DE PLATA Y DE ENVOLVER, PRECIOSAS CAJITAS, BOTONES SUELTOS, CINTAS Y OTROS MATERIALES QUE DESPUÉS PUEDE EMPLEAR EN SUS TARJETAS.

Cojín con Stanley

Cath Kidston

DIFICULTAD: 3

MATERIAL:

- funda de cojín y relleno
- papel de calco
- piel suave o ante: 10 × 12 cm de color marrón oscuro; cuadrado de 25 × 25 cm de color marrón claro; retal rojo
- pegamento en barra
- hilo de bordar marrón oscuro, rojo y marrón claro
- aguja para coser piel
- rotulador no permanente para tela
- un costurero (*véase* pág. 15)

¡Todo el mundo se quedará prendado de esta funda de cojín con mi adorable Stanley!

1 Con un lápiz afilado, dibuje la silueta de mi perro Stanley (*véase* pág. 148) en el papel de calco. Recorte las figuras para obtener las piezas de su propio diseño.

2 Con la ayuda del lápiz (o de una tiza blanca, si la piel es muy oscura), trace los dibujos en el reverso de la tela. Corte el collar del retal rojo; las manchas del lomo y de la pata derecha, del marrón oscuro, y las otras piezas, del marrón claro. Ahora póngalas todas del derecho.

3 Tomando la plantilla como referencia, dibuje los rasgos de Stanley en la cabeza. Con una aguja especial para coser piel, borde con pequeñas puntadas rectas (*véase* pág. 20) las orejas, los ojos y la nariz, y con punto atrás (*véase* pág. 21), la boca; elija un hilo de color marrón oscuro para crear todos los rasgos.

4 Quite el relleno del cojín y monte la imagen en el centro de la parte anterior del cojín. Encaje todas las piezas como si fueran un puzle, pero dejando una separación de 2 a 3 mm entre ellas. Adhiéralas a la funda con un poco de pegamento en barra. Coloque un libro grueso sobre la funda para que haga peso sobre las piezas y déjelo hasta que el pegamento esté seco.

5 De nuevo, con la aguja para coser piel, asegure todas las piezas con puntadas rectas; para ello emplee un hilo de bordar a juego. Ahora ya puede volver a introducir el relleno en la funda del cojín.

PARA CREAR ESTE COJÍN NO HE PODIDO SER MÁS ECOLÓGICA:
LA PIEL DE COLOR MARRÓN CLARO ES DE UNA CHAQUETA VIEJA
Y LOS RETALES MARRÓN OSCURO, DE UNA BOLSA DESGASTADA.

COMO UNA VARIACIÓN DEL MISMO TEMA,
PUEDE CORTAR ALGUNOS RECTÁNGULOS
DE PAPEL Y COSERLOS EN EL INTERIOR DE
LA TAPA DE FIELTRO: ASÍ TENDRÁ UNA
LIBRETA MUY ESPECIAL.

Estuche de costura
de fieltro

Cath Kidston

DIFICULTAD: 2
MATERIAL:

- entretela
- plancha y paño protector
- fieltro: 12 × 19 cm de color rosa;
  10 × 17 cm de color amarillo;
  10 × 8 cm azul; retales de color
  rojo, rosa, amarillo y verde para
  el aplique
- hilo de coser que combine con los
  fieltros
- hilo de bordar de color azul, amarillo
  y verde
- 3 botones
- un costurero (*véase* pág. 15)

Este precioso estuche de costura será el mejor regalo para las modistas más expertas. Pero ¡no le va a ser fácil desprenderse de él!

1 Vaya a la pág. 168 y calque sobre la entretela las tres capas de una flor grande, dos flores pequeñas, cuatro hojas y dos topos. Recórtelas de forma aproximada y plánchelas sobre los retales de fieltro según los colores de la fotografía de la página siguiente. Recuerde que siempre debe proteger el fieltro con un paño para plancharlo.

2 Recorte cada figura por la línea que ha hecho con lápiz. Retire los papeles y coloque la flor roja, las flores rosas, los puntos y las hojas en la esquina inferior izquierda del fieltro azul. Plánchelos en el lugar apropiado y luego añada las capas rosas y amarillas sobre la flor roja.

3 Para adornar el estuche, ribetee con unas puntadas rectas (*véase* pág. 20) cada una de las capas de la flor roja, las flores rosas y los topos; para ello emplee hilos de costura del mismo color. Con hilo de bordar verde, fije cada hoja con un único punto recto. Cosa un botón en el centro de cada flor.

4 Para confeccionar el costurero, coloque el fieltro amarillo en el centro del rosa y dóblelo por la mitad en sentido longitudinal para obtener un libro rosa con páginas amarillas. Sujete con alfileres las dos piezas cerca del pliegue.

5 Ribetee el lado izquierdo del libro a mano o a máquina. Sujete el fieltro azul a la cubierta, alineando el borde izquierdo con las puntadas. Asegúrelo con unas puntadas rectas diminutas, casi invisibles; para ello emplee un hilo azul.

6 A modo de toque final, ribetee con una hilera de puntadas azules los tres bordes del fieltro rosa, y con unas puntadas amarillas el fieltro azul; utilice hilo de bordar.

ENHEBRE ALGUNAS DE LAS AGUJAS CON HILOS DE DISTINTOS COLORES
Y GUÁRDELAS EN SU PEQUEÑO ESTUCHE: GANARÁ TIEMPO SI DEBE HACER
UN ARREGLO RÁPIDO.

Juego de toalla
y manopla

Este conjunto es un complemento de lujo para un largo y placentero baño, en el que no deben faltar jabones perfumados y aceites esenciales aromatizados.

1 En la pág. 172 encontrará el motivo de la flor. Auméntelo en un 280% para agrandarlo unos 3 cm y luego cálquelo sobre el lado del papel de la entretela. Necesitará seis flores para una manopla de 25 cm² y doce para una toalla de mano de 50 cm de ancho. Deberá calcar más para una toalla de mayor tamaño.

2 Recorte las flores de forma aproximada y planche el lado adhesivo sobre las telas de algodón de color azul claro, verde y rosa. Asegúrese de que tiene el mismo número de flores de cada color. Córtelas con precisión siguiendo el contorno y quite los agujeros centrales con unas tijeras de hojas cortas. Retire los papeles.

3 Dejando un espacio de 5 cm en cada extremo, coloque seis flores a lo largo del centro de la corta tira de tela, formando una secuencia de colores rosa, azul y verde. Ribetee cada flor con punto recto (*véase* pág. 20); para ello use hilo de coser a juego.

4 Doble hacia atrás 2 cm de tira por los extremos y presione. Luego sujete la tira con alfileres a 5 cm de un lado de la manopla, dejando unos 2 cm de tela superpuesta en cada extremo. Sujete con alfileres las telas superpuestas en la parte posterior y ribetee la tira con unas puntadas rectas cortas; para ello elija un hilo de costura a juego.

5 Siga el mismo procedimiento para decorar la toalla.

Cath Kidston

DIFICULTAD: 1
MATERIAL:

- toalla de mano y manopla blancas
- dos tiras de 9 cm de ancho de tela de algodón blanca: una 8 cm más larga que la manopla, y la otra 8 cm más larga que la toalla
- entretela
- plancha
- tela de algodón lisa: una pequeña cantidad de cada color (azul claro, verde y rosa)
- hilo de coser a juego con las telas
- un costurero (*véase* pág. 15)

ANTES DE EMPEZAR A TRABAJAR, LAVE Y PLANCHE LA TELA PARA LOS APLIQUES, Y LA TOALLA Y LA MANOPLA A LA TEMPERATURA MÁXIMA RECOMENDADA, YA QUE EL RIZO ENCOGE EN EL PRIMER LAVADO.

Capa
de baño

Esta capa de baño, adornada con el delicioso motivo del pájaro cantor, es un bonito y práctico regalo para un recién nacido.

1 Encontrará la plantilla invertida de este motivo en la pág. 162. Aumente su tamaño en un 275 % para que se ajuste a las medidas de la capucha.

2 Siguiendo la línea discontinua, calque la parte inferior del pájaro sobre la entretela y luego dibuje las partes restantes. Recórtelas de forma aproximada y después péguelas en el fieltro: el cuerpo, sobre el de color gris piedra claro; la «mejilla», sobre el rosa; el pecho, sobre el rojo; el pico y la pata, sobre el marrón oscuro. Siempre debe proteger el fieltro con un paño limpio para plancharlo.

3 Planche a baja temperatura el ala y la cola en el reverso del borreguito. Recorte todas las formas con precisión y retire los soportes.

4 Cubriendo el fieltro con un paño limpio, planche el cuerpo del pájaro en el centro de la capucha. Ponga las otras partes arriba y luego pegue el pico y la pata a la toalla. Haga unos cuantos puntos rectos para crear el ojo (*véase* pág. 20); para ello elija un hilo de bordar marrón oscuro.

5 Complete el diseño con las dos rosas. Calque en la entretela todos los elementos restantes. Luego corte las flores de los fieltros rosa, rojo, gris piedra claro y marrón, y las hojas y los tallos, de la tela de algodón verde. Retire los papeles.

6 Coloque las rosas a uno y otro lado del pájaro y luego añada los centros de las flores y los pétalos. Introduzca los tallos y las hojas por debajo de los bordes y plánchelos en el lugar apropiado, sin olvidar el paño protector.

7 Asegure cada aplique al fondo con una serie de puntadas rectas minúsculas; para hacerlo, escoja un hilo de costura a juego.

Cath Kidston

DIFICULTAD: 2

MATERIAL:

- capa de baño blanca para bebé
- entretela
- plancha y paño protector
- fieltro: 10 × 15 cm de color rosa; dos cuadrados de 10 cm, uno rojo y otro gris piedra claro; un retal marrón oscuro
- borreguito: un cuadrado de 10 cm de color gris piedra oscuro
- tela de algodón lisa: un cuadrado de 10 cm de color verde
- hilo de bordar marrón oscuro
- un costurero (*véase* pág. 15)

CUIDE ESTA CAPA DE BAÑO CON APLIQUES LAVÁNDOLA A MANO EN AGUA FRÍA SOLO CUANDO SEA PRECISO Y EVITANDO QUE LA CAPUCHA SE MOJE DEMASIADO.

PARA QUE EL DISEÑO TENGA MÁS COLORIDO,
PRUEBE A USAR UNA TELA DE BORREGUITO
CON ESTAMPADO O UN MOTIVO DISTINTO.

Manta estrellada de borreguito

A los más pequeños de la casa les encantará acurrucarse bajo esta manta tan ligera y calentita... ¡en compañía de sus ositos de peluche!

1 En la pág. 154 encontrará las plantillas de las siluetas para esta manualidad. Para hacer los dibujos en papel, elija cuatro o cinco estrellas distintas y auméntelas un 200%. Recorte siguiendo el contorno de las estrellas fotocopiadas.

2 Sujete con alfileres las figuras al derecho del borreguito y recórtelas. Mi manta tenía unas medidas de 60 × 100 cm, y para ella utilicé 45 estrellas, que distribuí de forma uniforme. Así pues, deberá hacer más estrellas si su manta es más grande, o menos en caso de que sea más pequeña.

3 Reparta por toda la manta las estrellas de distintos tamaños y formas. Cuando haya encontrado una composición que le guste, sujételas con alfileres en el lugar adecuado e hilvane cerca del borde.

4 Cosa las estrellas a la manta ribeteándolas con una serie de puntadas rectas (*véase* pág. 20); para ello utilice hilo rojo a juego.

Cath Kidston

DIFICULTAD: 3
MATERIAL:

- manta de borreguito rosa
- borreguito: 60 cm × 1 m rojo
- hilo para hilvanar
- hilo de costura rojo
- un costurero (*véase* pág. 15)

COMO EL BORREGUITO NO SE PLANCHA, LOS APLIQUES DE ESTRELLAS SE DEBEN COSER AL ESTILO TRADICIONAL AL SUAVE TEJIDO DE LA MANTA.

SI EL PUÑO DE LOS GUANTES NO ES
LO BASTANTE ANCHO, PUEDE BORDAR
EL DISEÑO EN EL DORSO DE LA MANO.

Guantes
con rosa

Cath Kidston

DIFICULTAD: 3
MATERIAL:

- un par de guantes de cachemir
- entretela fina termoadhesiva
  y no tejida
- rotulador no permanente para tela
- plancha y paño protector
- hilo de bordar de color rosa, rojo,
  blanco roto, marrón oscuro y verde
- un costurero (*véase* pág. 15)

Estos guantes bordados, con el singular detalle
de la rosa, mantendrán sus manos calientes
en pleno invierno.

1 Haga una fotocopia ampliada en un 115 % de la silueta de la rosa que
encontrará a la derecha de la pág. 162. Después realice una segunda
ampliación del motivo invertido. Ponga un trozo de entretela encima
del primer motivo con la cara lisa (la no adhesiva) hacia arriba.
Con un rotulador no permanente, trace las líneas.

2 Corte el motivo alrededor del borde exterior. Pegue la entretela
termoadhesiva en el centro del puño con la plancha fría, protegiéndola
con un paño limpio.

3 Rellene cada zona con punto satinado (*véase* pág. 20). Empiece por
los pétalos rosas y luego siga con los de color rojo y blanco roto.

4 Por último, borde la otra rosa en el segundo guante siguiendo
el mismo procedimiento.

SI DISFRUTA HACIENDO PRENDAS DE PUNTO, PUEDE TEJER UN
JUEGO DE COMPLEMENTOS PARA EL INVIERNO Y ADORNAR CADA
PRENDA CON UN MOTIVO O BIEN COSER ALGUNOS EN UNA BOINA
A JUEGO CON UNA BUFANDA.

Pura inspiración

Fue muy difícil decidir qué manualidades debía incluir este libro, ya que cada diseño puede funcionar a la perfección con una amplia gama de complementos y accesorios. Por ejemplo, puede bordar el mismo velero en una camiseta, en un cojín o en una bolsa, o bien puede ribetear con una cenefa de fresas una sábana, un paño de cocina o una falda. Las combinaciones son infinitas. En las páginas siguientes le doy algunas ideas más, pero lo realmente divertido es que usted escoja qué es lo que desea personalizar y de qué modo mediante las técnicas que ha aprendido.

Pura inspiración

Camiseta

Las camisetas son una de las prendas más económicas y más fáciles de adaptar. ¿Por qué no borda en una las iniciales de la persona a quien la va a regalar? Recuerde que no solo puede trabajar en la parte anterior, sino que también puede decorar las mangas y la parte posterior.

Boina

Si le ha gustado la boina de la pág. 90, puede personalizar un gorro de lana de la misma forma y tener así un complemento ideal para ir a la nieve. Otra opción es bordar un diseño sencillo en la boina —quizá una de las rosas— para que tenga un aspecto más refinado y distinguido.

Falda

Un aplique liso queda muy bien en una falda estampada, ya que contrastará con el diseño de fondo. Si lo desea, puede añadir otros estampados para lograr un mayor efecto *patchwork*. Puede simplemente poner algunos adornos alrededor del dobladillo si el estampado de la falda resulta algo abigarrado.

Bolsa

Las bolsas reutilizables, que puede conseguir
fácilmente, tienen una forma tan simple
que son perfectas para las manualidades.
Puede bordar apliques de diseños sencillos
y crear un efecto de relieve o bien añadir
un útil bolsillo en el interior, como he
sugerido para el delantal con la fresa
(*véase* pág. 32). Para que las puntadas
no se vean por fuera, haga primero
un forro sencillo y añádale el bolsillo.

Delantal

Puede añadir un bolsillo más grande a su
delantal mediante la misma técnica explicada
en la pág. 32 y utilizar la plantilla del
desayuno para decorarlo. También puede
adornar el borde inferior del bolsillo con
una hilera de huevos cocidos o de tazas
con su platillo. Si desea hacer un proyecto
más sencillo, cubra todo el delantal con
topos de colores.

Jersey

No es preciso tirar un viejo y gastado
jersey al que le tiene un profundo cariño:
puede tapar fácilmente sus agujeros con
retales de telas estampadas. También es
una buena idea bordar un motivo sencillo
en la parte delantera en lugar de las iniciales
de la pág. 80.

Calcetines

¿Qué le parece la idea de bordar unos
gruesos calcetines especiales para caminar
o la de regalar unas botitas de punto
personalizadas a un bebé? La técnica de
bordado que se ha descrito en la pág. 50
también se podría aplicar en un jersey
con un único motivo.

Monedero

¿Por qué no decora un bolso y lo usa
para «envolver» un maravilloso regalo, como
una joya? Puede bordar todo el monedero
o, sencillamente, bordar un único diseño
en la parte posterior. Atrévase a adornar
su bolso a juego con uno de los diseños
del capítulo de las bolsas o a confeccionar
un echarpe o una bufanda utilizando la
misma plantilla.

Bufanda

Si le ha gustado la bufanda con
los coches de carreras de la pág. 86,
¿por qué no prueba con otro diseño?
Podría poner apliques de topos o flores
por toda la bufanda, ¡o incluso bordar
el nombre de su equipo de fútbol
favorito! La tela de punto es económica
y no se deshilacha; por esto es un
magnífico género para confeccionar
una bufanda en un abrir y cerrar
de ojos.

Manopla para el horno y agarrador

Fíjese en los colores que predominan en su hogar y confeccione unos complementos de lo más elegantes para la cocina. Puede crear unos paños (*véase* pág. 26) y un delantal (*véase* pág. 32) a juego. Cualquier plantilla es válida. ¿Qué le parece decorar la cocina con un simple diseño de topos?

Cubreteteras

Una forma muy sencilla de hacer un cubreteteras es cortando una colcha vieja y cosiendo con punto de festón los bordes curvos. Puede emplear la plantilla de la taza y el platillo para lograr un mayor efecto. Si quiere trabajar un poco más, decore el cubreteteras con un motivo tradicional, como la casa de campo (*véase* pág. 56).

Marco

Un viejo y polvoriento marco se puede restaurar fácilmente con una mano de esmalte. Una propuesta es crear un conjunto de imágenes utilizando diferentes partes de la misma plantilla o esta última pero con colores contrastados.

Tiendas Cath Kidston

España

El Corte Inglés Diagonal
Av. Diagonal, 617
Barcelona

El Corte Inglés
Centro Comercial Sanchinarro
C/ Margarita de Parma, 1
Madrid

El Corte Inglés Puerto Banús
Ramón Areces s/n
Puerto Banús, Marbella

Reino Unido

Aberdeen
Unit GS20,
Union Square Shopping Centre,
Guild Square,
Aberdeen AB11 5PN
01224 591726

Bath
3 Broad Street,
Bath BA1 5LJ
01225 331006

Belfast
24–26 Arthur Street,
Belfast BT1 4GF
02890 231581

Bicester Village Outlet Store
Unit 43a,
Bicester Village,
Bicester OX26 6WD
01869 247358

Birmingham – Selfridges Concession
Upper Mall,
East Bullring,
Birmingham B5 4BP
0121 600 6967

Bluewater
Unit L003,
Rose Gallery,
Bluewater Shopping Centre,
Kent DA9 9SH
01322 387454

Bournemouth
5–6 The Arcade,
Old Christchurch Road,
Bournemouth BH1 2AF
01202 553848

Brighton
31a & 32 East Street,
Brighton BN1 1HL
01273 227420

Bristol
79 Park Street,
Clifton,
Bristol BS1 5PF
01179 304722

Cambridge
31–33 Market Hill,
Cambridge CB2 3NU
01223 351810

Canterbury
6 The Parade,
Canterbury CT1 2JL
01227 455639

Cardiff
45 The Hayes,
St David's,
Cardiff CF10 1GA
02920 225627

Cheltenham
21 The Promenade,
Cheltenham GL50 1LE
01242 245912

Chester
12 Eastgate Street,
Chester CH1 1LE
01244 310685

Chichester
24 South Street,
Chichester PO19 1EL
01243 785622

Dublín
Unit CSD 1.3,
Dundrum Shopping Centre,
Dublin 16
00 353 1 296 4430

Edimburgo
58 George Street,
Edimburgo EH2 2LR
01312 201509

Exeter
6 Princesshay,
Exeter EX1 1GE
01392 227835

Glasgow
18 Gordon Street,
Glasgow G1 3PB
01412 482773

Guildford
14–18 Chertsey Street,
Guildford GU1 4HD
01483 564798

Gunwharf Quays Outlet Store
Gunwharf Quays,
Portsmouth PO1 3TU
02392 832982

Harrogate
2–6 James Street,
Harrogate HG1 1RF
01423 531481

Heathrow Airport Terminal 3
Retail Unit 3003,
First Floor Heathrow Airport TW6 2QG
020 8897 0169

Heathrow Airport Terminal 4
Departure Lounge, Heathrow Airport TW6 3XA
020 8759 5578

Heathrow Airport Terminal 5
Retail Unit 2043,
Gate LevelHeathrow Airport TW6 2GA
020 8283 7963

Jersey
11 King Street,
St Helier,
Jersey JE2 4WF
01534 726768

Kildare Village Outlet Store
Unit 21c,
Kildare Village,
Nurney Road,
Kildare Town
00 353 45 535 084

Kingston
10 Thames Street,
Kingston upon Thames KT1 1PE
020 8546 6760

Leamington Spa
Unit 5,
Satchwell Court,
Royal Priors Shopping Centre,
Leamington Spa CV32 4QE
01926 833518

Leeds
26 Lands Lane,
Leeds LS1 6LB
01133 912692

Liverpool
Compton House,
18 School Lane,
Liverpool L1 3BT
0151 709 2747

Londres – Battersea
142 Northcote Road,
Londres SW11 6RD
020 7228 6571

Londres – Chiswick
125 Chiswick High Road,
Londres W4 2ED
020 8995 8052

Londres – Covent Garden
28–32 Shelton Street,
Londres WC2H 9JE
020 7240 8324

Londres – Fulham
668 Fulham Road,
Londres SW6 5RX
020 7731 6531

Tiendas de Cath Kidston

Londres – Harrods Concession
Knightsbridge,
Londres SW1X 7XL
020 3036 6279

Londres – Marylebone
51 Marylebone High Street,
Londres W1U 5HW
020 7935 6555

Londres – Notting Hill
158 Portobello Road,
Londres W11 2BE
020 7727 0043

Londres – Selfridges Concession
Oxford Street,
Londres W1A 1AB
020 7318 3312

Londres – Sloane Square
27 Kings Road,
Londres SW3 4RP
020 7259 9847

Londres – St Pancras
St Pancras International Station,
Londres NW1 2QP
020 7837 4125

Londres – Westfield London
Level 1,
Unit 1107,
Westfield Londres, Londres W12 7GF
020 8762 0237

Londres – Westfield Stratford
Montifichet Road,
Queen Elizabeth Olympic Park,
Londres E20 1EJ
020 8534 9676

Londres – Wimbledon Village
3 High Street,
Wimbledon SW19 5DX
020 8944 1001

Manchester
62 King Street,
Manchester M2 4ND
0161 834 7936

Manchester – Selfridges Concession
1 The Dome,
The Trafford Centre,
Manchester M17 8DA
0161 629 1184

Marlborough
142–142a High Street,
Marlborough SN8 1HN
01672 512514

Marlow
6 Market Square,
Marlow SL7 1DA
01628 484443

Newbury
35 Middle Street,
Parkway Shopping,
Newbury RG14 1AY
0163 537213

Newcastle
136–138 Grainger Street
Newcastle Upon Tyne NE1 5AF
0191 222 1677

Newcastle – Fenwicks Concession
Northumberland Street,
Newcastle Upon Tyne NE99 1AR
0191 232 5100

Norwich
21 Castle Street,
Norwich NR2 1PB
01603 633570

Nottingham
23 Bridlesmith Gate,
Nottingham NG1 2GR
01159 413554

Oxford
6 Broad Street,
Oxford OX1 3AJ
01865 791576

Reading
96 Broad Street,
Reading RG1 2AP
01189 588530

Salcombe
74 Fore Street,
Salcombe TQ8 8BU
01548 843901

Sheffield – Meadowhall
60 High Street,
Meadowhall Centre,
Sheffield S9 1EN
01142 569737

St Albans
Unit 4,
Christopher Place, St Albans AL3 5DQ
01727 810432

St Ives
67 Fore Street,
St Ives TR26 1HE
01736 798001

Tunbridge Wells
59–61 High Street,
Tunbridge Wells TN1 1XU
01892 521197

Winchester
46 High Street,
Winchester SO23 9BT
01962 870620

Windsor
24 High Street,
Windsor SL4 1LH
01753 830591

York
32 Stonegate,
York YO1 8AS
01904 733 653

Para información actualizada de todas
las tiendas Cath Kidston, visite:
www.cathkidston.com

Agradecimientos

Doy especialmente las gracias a Jess Pemberton por haber realizado todas las manualidades, y también a Pia Tryde, Karina Mamrowicz, Jenny Walker, Laura Mackay, Jo Sanders, Bridget Bodoano, Elaine Ashton y Lucinda Ganderton. Asimismo, deseo agradecer la labor de Katherine Case, Laura Herring, Anne Furniss y Helen Lewis, de Quadrille.

Este libro está dedicado a Stanley.

Título original: *make!*
Dirección editorial: Anne Furniss
Dirección artística: Helen Lewis
Dirección de proyecto: Laura Herring
Diseño: Katherine Case, Jessica Pemberton
Fotografía: Pia Tryde
Ilustraciones: Bridget Bodoano, Laura Mackay
Asesoramiento técnico: Lucinda Ganderton
Comprobación de patrones: Sally Harding
Traducción: Lluïsa Moreno Llort
**Revisión técnica de la edición
en lengua española:** Isabel Jordana Barón
**Coordinación de la edición
en lengua española:** Cristina Rodríguez Fischer

Primera edición en lengua española 2014

© 2014 Naturart, S.A. Editado por BLUME
Av. Mare de Déu de Lorda, 20
08034 Barcelona
Tel. 93 205 40 00 Fax 93 205 14 41
E-mail: info@blume.net
© 2008 Quadrille Publishing Limited, Londres
© 2008 del texto, plantillas y proyectos Cath Kidston
© 2008 de las fotografías Pia Tryde

I.S.B.N.: 978-84-15317-81-4
Impreso en China

Plantillas

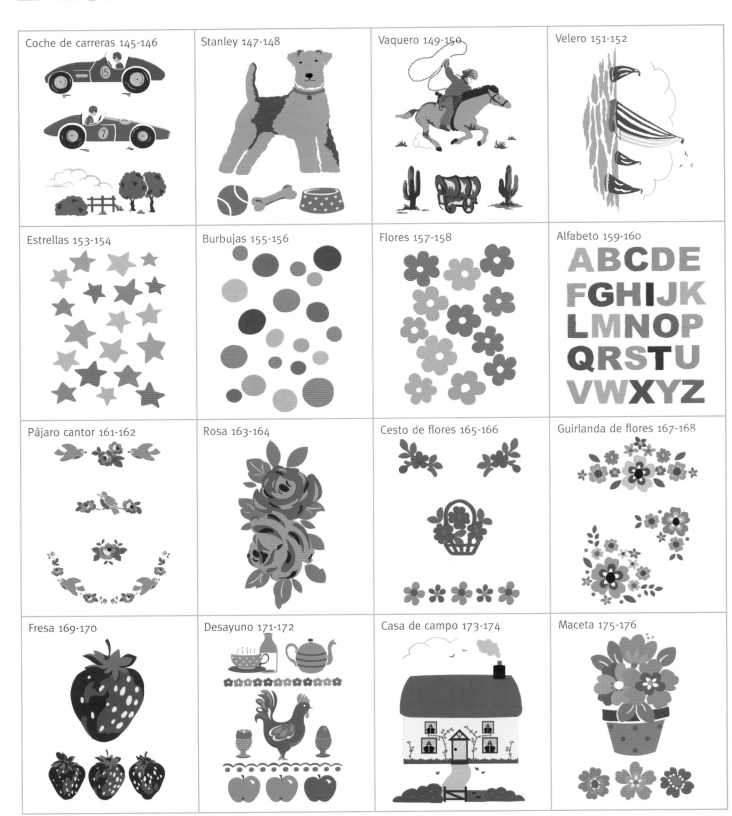

Coche de carreras 145-146

Stanley 147-148

Vaquero 149-150

Velero 151-152

Estrellas 153-154

Burbujas 155-156

Flores 157-158

Alfabeto 159-160

ABCDE
FGHIJK
LMNOP
QRSTU
VWXYZ

Pájaro cantor 161-162

Rosa 163-164

Cesto de flores 165-166

Guirlanda de flores 167-168

Fresa 169-170

Desayuno 171-172

Casa de campo 173-174

Maceta 175-176

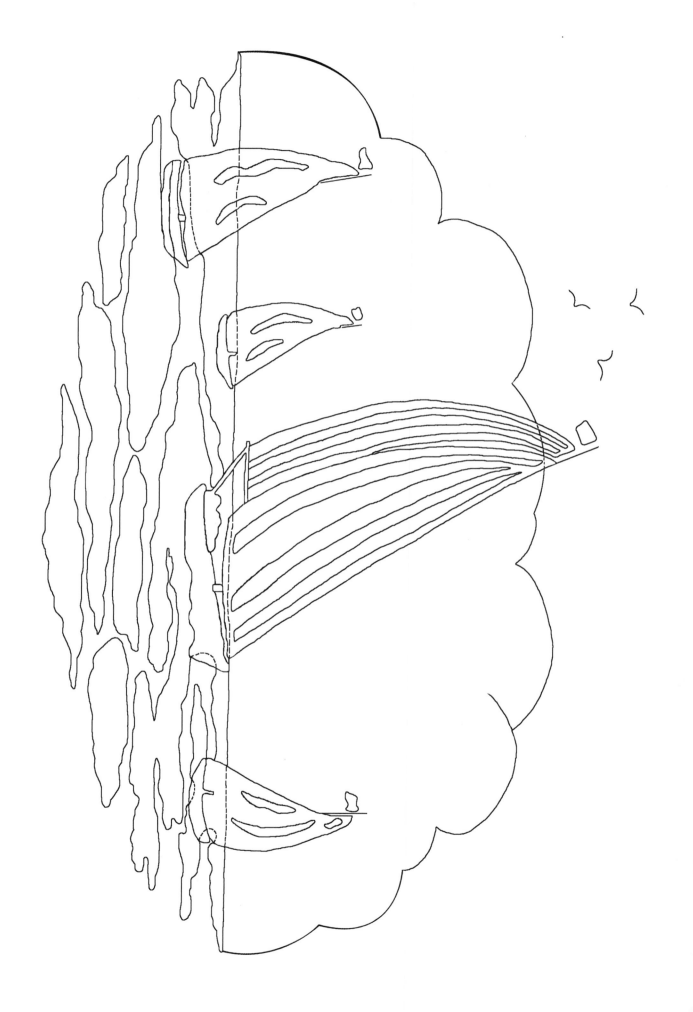

ABCDE
FGHIJK
LMNOP
QRSTU
VWXYZ

ABCDE

FGHIJK

LMNOP

QRSTU

VWXYZ